U0142252

海運商務概論

海洋｜商船｜航運｜船舶燃料｜航港新商機

張雅富◎著

五南圖書出版公司 印行

自序

臺灣四面環海，海上對外通商貿易運輸及漁業捕撈養殖加工，一直是我們的經濟發展生命線，而近年快速發展的海上觀光及水岸活動，更讓民眾發現藍色海洋與我們的生活關係十分密切。

傳統學校的教育體系在海洋應用相關方面，其授課內容主要可分爲運輸物流、海事技術、漁業經營、觀光遊憩、海洋產業管理等，對於其他院系的學生可能是較爲陌生的領域，有關介紹海運商務的內容及發展，不論是校園中的通識教育或增進一般民眾對海洋的認識，特別是海運貿易及發展趨勢應有專書

可供其參考。

本書是五南出版「港埠輕鬆讀」系列的第五本介紹海運商務知識的入門書籍，海洋的知識浩瀚無限，港埠是水陸運輸的轉接點，隨著國際經貿環境、運輸科技、管理知識的演進，海運及港埠的經營與管理，更突顯其國際化競爭、專業化管理、高投資成本與多元化發展等的特性，不管是大學通識教學、學子選塡大學交通運輸與航運物流科系志願，或是社會新鮮人對未來報考公職行業，希望書中內容介紹有助於讀者對航港事業的認識及工作上的參考，能引發對海洋商務的熱情投入。

在撰寫的過程中，曾參考國內外相關的著作和網站資料（部分圖片引用自網路），但限於工作之餘的時間及個人能力限制，資料的蒐集及整理分析，內容或仍有侷限、文義也或有引申失眞，尚請各方先進及讀者不吝協助指正。最後，感謝五南圖書出版公司的支持出版。

張雅富

2020 年夏於高雄港

目錄

圖目錄

表目錄

第一章 認識海洋

地球（Earth）是太陽系（Solar System）中目前所知擁有大量水資源的星球，人類所居住的土地是被海洋（Ocean）所圍繞，海洋是地球生命的起源地，孕育有各式的動植物，也是地球氣候及生態循環中重要的一環，人類從海洋獲取食物來源，也運用各式浮具進行人及貨的交通運輸，當今全球各地政府對海洋資源保護與權利的主張都相當重視，對海洋知識的教育推廣更顯重要。

1.1 海洋介紹

地球表面有 70% 的表面由水所環繞，其中 96% 是含有鹽分的海水，各水域中間是透過各大陸與島嶼相連通，一般稱爲五大海洋（Five Oceans）與七大洲（Seven Continents）。

五大海洋[1]

1. **太平洋（Pacific Ocean）**：太平洋是地球最大的海洋，水域面

---

1 5 Oceans of the World
https://www.whatarethe7continents.com/the-worlds-five-great-oceans/

積有 165,200,000 平方公里，鄰接亞洲、北美洲及南美洲、澳洲等大陸，太平洋的命名緣由是葡萄牙的探險家斐迪南·麥哲倫（Ferdinand Magellan）在 1519 年由西班牙出發尋找前往香料群島（Spice Islands）的西向航路時，於 1520 年 11 月經南美洲最南端，見到一片廣大平穩的海域，故因此取名為太平洋。

2. **大西洋（Atlantic Ocean）**：大西洋是地球第二大海洋，水域面積有 106,400,000 平方公里，鄰接南、北美洲東岸及歐洲、非洲西岸，包括地中海、北海及加勒比海等海域。在歐洲的航海歷史，往印度及尋找前往生產香料的西向航路，是許多航海探險故事的起源，此處豐富的漁產（如北海鱈魚、鯨魚）也是鄰近國家數百年來漁業發展的基礎。

3. **印度洋（Indian Ocean）**：印度洋水域面積有 73,556,000 平方公里，北部鄰接地中海東岸及印度大陸，西側鄰接非洲東岸，南接東南亞及澳洲水域，此地區有豐富多樣的人種及動植物，從 13 到 17 世紀間，歐洲各國為尋找醫藥原料及飲食的調味香料，紛紛尋找由歐洲前往印度及附近群島的新航路，在此地區為爭奪香料及殖民地，也多次發生戰爭。

4. **北冰洋（Arctic Ocean）**：北冰洋水域面積有 13,986,000 平方公里，位於北美洲及歐洲大陸的最北側，終年低溫寒冷結冰，19～20 世紀的探險家一直探索從亞洲至歐洲探索新航路，近年因地球氣候溫室效應，千年冰川逐漸融解後，又有北極新航路的出現，從亞洲東方至歐洲及北美洲，海運較傳統東亞經從東南亞、地中海至歐洲的航程大為縮短，但也衍生北極圈主權歸屬爭議及環保危險疑慮。

5. **南冰洋（Southern Ocean）**：在 20 世紀中期前，認為鄰接南極洲的附近應是一片海洋水域，其水域面積有 20,327,000 平方公里，北側鄰接印度洋、大西洋及太平洋，終年氣候為極低溫，對地球氣候型態有極大影響，2000 年時的國際水道測量組織（International Hydrographic Organization）會員無異議通過此海洋的定義，但仍有各方對此地區的南冰洋是否存在仍有不同看法。

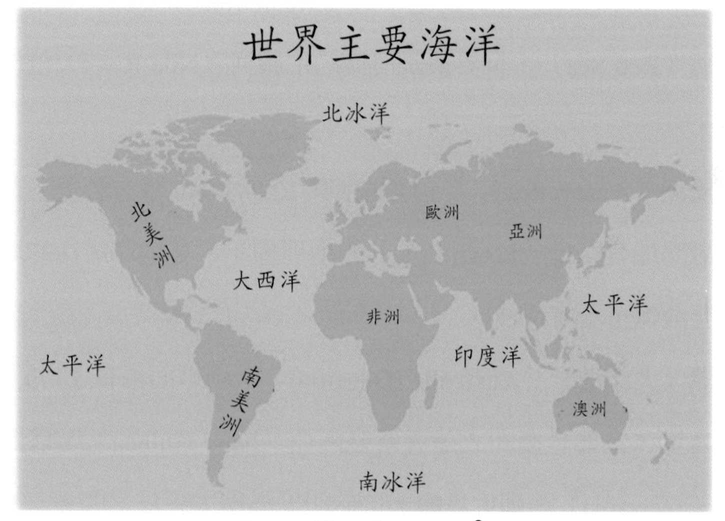

圖 1　世界主要海洋[2]

2 Major Oceans of the World
https://www.buzzle.com/images/geography/oceans-of-the-earth.jpg

七大洲[3]

1. **北美洲（North America）**：土地面積有 23,309,892 平方公里，是世界第三大的大陸，南部隔拉丁美洲與南美洲相連，位於太平洋東岸、大西洋西岸及北側鄰接北冰洋。
2. **南美洲（South America）**：土地面積有 15,539,928 平方公里，是世界第四大的大陸，東西兩岸與大西洋、太平洋相接，內陸有世界最大的河流——亞馬遜河（Amazon River）。
3. **非洲（Africa）**：土地面積有 28,489,869 平方公里，人口及面積爲世界第二大的大陸，也是最早人類的誕生地，東南側接印度洋，大西洋位於西側，北方爲地中海（Mediterranean Sea）、東北方爲紅海（Red Sea），世界最長河流的尼羅河（Nile River）位於東北方。
4. **南極洲（Antarctica）**：土地面積有 12,949,940 平方公里，是地球的最南端有南極（South Pole）的地理標記，是地球最冷的地方，氣溫最低可至零下 90℃。
5. **澳洲（大洋洲）（Australia (Oceania)）**：土地面積有 5,179,976 平方公里，主要是澳洲大陸與新幾內亞（New Guinea）、塔斯馬尼亞（Tasmania）等鄰近島嶼，位於印度洋與太平洋之間。

---

3 7 Continents of the World
https://www.whatarethe7continents.com/

6. **歐洲（Europe）**：土地面積有 7,769,964 平方公里，東側大陸是俄羅斯的烏拉爾山（Ural Mountains），西側是大西洋，南側是地中海與黑海，還包括一些島嶼如冰島（Iceland）、西西里島（Sicily）、不列顚群島（British Isles）。
7. **亞洲（Asia）**：土地面積有 44,029,797 平方公里，是世界面積最大的大陸，位於歐亞大陸（Eurasia continent）的東方，北側是沿愛琴海（Aegean Sea）、黑海（Black Sea）、裡海（Caspian Sea）與北冰洋相接，東側接太平洋，南側鄰接印度洋。

近代人類在大陸之間開鑿人工運河以縮短海洋之間的運輸距離，例如巴拿馬運河（Panama Canal）與蘇伊士運河（Suez Canal）。

與海相關的詞彙涵義區別[4]

1. **大洋（Ocean）**：指大洋類如太平洋，使用在以海洋爲主體的產業名稱，如海洋能源、海洋深層水、海洋科學研究。
2. **海（Sea）**：指小範圍的海洋，如東海、南海。
3. **海洋（Marine）**：是海洋生物及海洋相關產品的總稱，使用在海洋的相關議題，如海洋資源、海洋生態，海洋職業名稱。
4. **海事（Maritime）**：泛指海上的運輸、工程、商業、軍事及教育等。

4　吳靖國主編，《8 個你不可不知的海洋議題》，三民書局，2019，臺北。

海洋應用空間規劃 [5]

1.2 海洋文化

海洋擁有豐富的動植物生態，是人類重要的生命維持來源，在河海與陸地交界之處，還有被海洋環繞的島嶼，人類因種族遷徙、進行漁獵、開墾養殖等生活因素，開始發明各式工具、探索海洋環境及開發各項資源，並逐漸演化融入各地人群的歷史文化及相互依循的風俗習慣，這也是當今觀光旅遊的一項重要文化資產。

文化是一個民族生活方式的總成，不僅是歷史的結晶，更是未

---

5 WOC supports Marine Spatial Planning
https://safety4sea.com/woc-supports-marine-spatial-planning/

來發展的基礎。海洋文化的意涵在於人類與海洋互動所形成的生活方式；長期的生活方式，建構了族群所具有的海洋文化特質[6]。從15世紀歐洲大航海時代（Age of Discovery）發展以來，透過海域交通網路所塑造的文化特質如冒險犯難與拓展的胸懷，建構了當今世界文化商業網絡，形成全球化的交通與商業體系。

歐洲海洋文化的起源地是在地中海。地中海是位於歐、非、亞洲三地間，海域本身近乎封閉且有眾多島嶼，沒有像太平洋的颱風與大西洋的颶風，其海面較平靜適合船舶航行，因此孕育了歐洲文化的主要根源——古希臘文化。因此，歐洲人的文化擴散在其精神和實際的空間位移上，一直充滿海洋以及「走向海洋」、「穿越海洋」的特質。海洋對他們而言，不是障礙，而是聯繫他國的通道，使他們透過海洋通商方式，得以吸取海外經驗，融入世界潮流。

面對海洋，不斷地探索未知世界，使希臘文化孕育出一項很重要的特質，即崇尚眞理、知識。歐洲海洋文化還有一項特點，就是尙武、侵略性，這種對強權的崇拜，以征服、冒險、掠奪爲本質的海洋文化，恰恰反映在歐洲海上強權的海洋殖民開拓過程。以圖中希臘海神波賽頓（Poseidon）的形象爲例[7]。波賽頓是塑造成一個手持三叉戟的壯年男子，騎著駿馬在海上飛馳。人們認爲必須服從他，否則會遭

6　戴寶村，《臺灣的海洋歷史文化》，玉山社，2011，臺北。

7　Poseidon, Greek God of the Sea
https://greekgodsandgoddesses.net/gods/poseidon/

到報復。

希臘海神波賽頓

中國古代海洋史就是海洋性格的吳越民族與大陸性格的華夏民族相激盪衝突與融合的歷史。中國大陸沿海，自遼東半島、渤海灣、山東半島、蘇北沿岸至江浙、福建及廣東地區，都是海洋文化孕育誕生與發展的場所，例如福建省泉州港，曾是對外貿易及文化交流的基地。

與西方海洋文化相較，海洋文化從未成為中國文化的主流，海洋對知識分子及一般民眾而言，是深不可測、遙不可及，這實與中國古代的朝廷及知識分子並不重視海洋經營有很密切的關係。中國海神的代表「媽祖」，其特性第一，媽祖是女性，而且是由人化為神，而歐洲的海神「波賽頓」是男性之神，是神話傳說。特性第二，波賽頓的形象是富侵略性的戰神，人人敬畏，媽祖則相反，是庇佑海民，使其免受大海威脅的母愛之神。因此，中國的海洋文化，並沒有西方海洋文化的侵略性與強占性，它相反地展現出更多的和諧與寬容。漁民大多供奉媽祖於船上及港口廟宇。

臺灣的海洋文化是中國海洋文化的延伸，但由於其特殊的地理位置，比起大陸沿海地區，有更多機會吸收不同文化。臺灣自大航海時代以來，即成為列強覬覦的對象，自 17 世紀始，其命運就透過海洋

明朝鄭和七下西洋

與世界相聯繫。臺灣文化基本是以漢文化爲本，融合原住民文化、荷蘭、西班牙文化、日本文化乃至近代的美國文化所呈現的多元性的海洋文化。

在大航海時代之前，人類文明的主要發展地區是歐、亞、非三大洲的大陸，而海洋則是隔絕各大文明的障礙。唯有在航海技術高度發展之後，才打破障礙，將各大文明聯繫起來，例如明朝鄭和的寶船艦隊七下西洋，巡航東南亞及非洲東岸，促進中國與該地的交流。近代因海洋文化高度發展而從小國翻身爲大國的典型代表，則是 19 世紀的「日不落帝國」英國與日俄戰爭後海上強權的日本，但卻是海外殖民地及資源的掠奪。

提倡海洋文化的目的是什麼？有關發揚海洋文化的主張，大致可以分爲兩類，一是物質性的，另一是精神性的。物質性的不外乎親海、近海，加強海洋生態保育，推動海事發展等。精神性的則爲效法海洋的特質，如冒險犯難、開疆拓土、包容博大、善養萬物、創新求變等。前者主要屬於永續發展的課題，是絕對要提倡的，而冒險犯難、開疆拓土等精神性的海洋特質，才是培養國際觀以及躋身國際的企圖心所需具備的胸襟與氣魄[8]。

8　劉新圓，「臺灣需要發展怎樣的海洋文化？」，國政研究報告，財團法人國家政策研究基金會。https://www.npf.org.tw/2/306

表 1 著名的西方航海探險家

哥倫布（Christopher Columbus）
義大利的航海家，1492 年 8 月 3 日，哥倫布受西班牙女王派遣，率領三艘帆船，從西班牙巴羅斯港揚帆出大西洋，1492 年 10 月 12 日發現了陸地（屬於中美洲加勒比海中的巴哈馬群島），哥倫布的發現成爲美洲大陸開發和歐洲競向殖民的新開端，疾病與搶掠對當地的土著及文化造成重大滅絕影響，是歷史上一個重大的轉折點。
達伽馬（Vasco da Gama）
葡萄牙的探險家，他是歷史上第一位從歐洲航海到印度的人。達伽馬於 1497 年 7 月 8 日率領四艘船由葡萄牙里斯本往非洲的黃金海岸航行。在 1498 年 5 月 20 日抵達印度的科澤科德，在印度進行香料貿易。他開拓了繞過非洲最南端的好望角（Cape of Good Hope）到達印度的航道，連結起非洲與亞洲的航線，開啓了歐亞的大規模貿易，引起後續百年歐洲國家向亞洲殖民地開拓的競爭。
麥哲倫（Ferdinand Magellan）
葡萄牙的探險家，1519 年 8 月 10 日，麥哲倫爲西班牙政府效力探險，率領船隊從西班牙塞維亞出發。1519～1521 年率領船隊首次環航地球，1520 年繞過南美洲大陸的麥哲倫海峽，隔年到達菲律賓，他的船員完成繞行地球一周的航海。麥哲倫首次橫渡太平洋，在地理學和航海史上產生了一場革命。證明地球表面大部分地區不是陸地，而是海洋，世界各地的海洋不是相互隔離的，而是一個統一的完整水域。

新船下水的擲瓶儀式（Bottle Smashing Ceremony）[9]

在古代航海是非常冒險易生災難的職業，希臘人就爲新船舉行

9 Why Are Bottles of Champagne Smashed On New Ships?

祈福儀式，期盼船員能平安回家。歐美的航運界傳統，船東將新造好的船當作孩子看待，依據宗教教義要求，邀請一位女性爲其命名並祝福，而這個角色通常是船東的夫人，或是船東邀請社會地位顯赫或熟識的女性擔任，將香檳擲在船艏擊碎，祈福後祝福新船下水後航行順利永遠平安。1797 年美國海軍的 USS Constitution 號下水時，首先使用香檳酒爲儀式的器具，後續也有使用威士忌酒。

圖片來源 [10]：新船下水邀請女性主持的擲香檳酒瓶儀式

---

https://www.mentalfloss.com/article/12612/why-are-bottles-champagne-smashed-new-ships

10 Why we smash champagne against ships, and the best bottles with which to do it https://www.thegentlemansjournal.com/article/smash-champagne-ships-best-bottles/

1.3 海洋經濟

海洋經濟（Ocean Economy）是人類因開發海洋資源使用，所衍生各種經濟活動及生產、服務產業，主要的經濟活動有漁業、運輸、能源、礦產、休閒、保健等產業，近年因氣候變遷、海洋污染、過度開發，也使海洋的經濟開發外，各國更加關注環境保護及永續發展議題。經濟合作暨發展組織（Organization for Economic Cooperation and Development, OECD），指出海洋除了關鍵的氣候與天氣調節角色外，在全球超過 90% 的海上貿易路線，提供數以百萬人們的工作機會，海洋相關的產業經濟活動和創新並持續進行中。

創新的永續海洋經濟[11]

[11] Innovation for a sustainable ocean economy, OECD
http://www.oecd.org/innovation/inno/ocean-economy/

海洋產業（Ocean Industry/Maritime Industry）又被通稱爲海洋經濟（Ocean Economy）、海洋活動（Ocean Activity）、海事經濟（Maritime Economy）等，可定義爲開發利用海洋資源與空間的人類經濟行爲，其經濟行爲與活動視爲產業活動，中華經濟研究院分爲四項[12]：

1. 直接將海洋資源用於生產投入。
2. 以海洋中直接獲取的產品進行加工和服務。
3. 直接應用於海洋資源或開發活動上的生產或服務。
4. 利用海洋空間作爲生產過程的投入要素而產生的產品或服務。

臺灣海洋基本產業

1. **漁業**：漁產食品製造、漁產批發零售與漁網具。
2. **海洋油氣與礦業**：石油及天然氣、海洋砂石鹽業與其他礦產開採與生產。
3. **船舶建造與維修**：遊艇等船舶建造與相關設備製造維修。
4. **海洋運輸**：水上運輸、其他海洋運輸輔助、倉儲及租賃服務。
5. **海洋旅遊**：海洋旅遊代理、住宿與餐飲服務、海洋娛樂與休閒用品製造、批發零售與租賃、娛樂漁業。
6. **海洋建築**：海上結構物建造、港埠及港灣工程。

---

12 洪志銘，「臺灣海洋產業範疇」，2010年，中華經濟研究臺灣經濟所。http://ba.cust.edu.tw/102_2help/02a.pdf

臺灣海洋新興產業與服務業

1. **海洋電能**：海洋電能製造、海洋電能設備及風力發電。
2. **海洋科技製造業**：雷達聲納、遙感搖控設備製造、量測儀器及控制設備製造；海水淡化與利用；海洋化妝品、化學製業及深層水產業。
3. 海洋金融服務業：金融仲介業、保險業。
4. 公共服務業：海洋相關政府部門、海事救難及安全業。
5. 海洋科技研究與教育：海洋科技研究、海洋教育。

總部在法國巴黎的經濟合作暨發展組織（OECD），2016 年的海洋經濟趨勢研究報告[13]，將海洋產業分爲現有產業（Established）與新興產業（Emerging）兩種：

海洋現有產業

1. **捕撈漁業**（Capture Fishery）
2. **水產加工**（Seafood Processing）
3. **海運**（Shipping）
4. **港埠**（Ports）
5. **船舶建造與維修**（Shipbuilding and Repairing）

---

13 OECD,「The Ocean Economy in 2030」, p23, 2016, Paris. https://read.oecd-ilibrary.org/economics/the-ocean-economy-in-2030_9789264251724-en#page25

6. **淺海離岸石油與天然氣開採**（Sallow Water Offshore Oil and Gas Drilling）
7. **海洋製造與建造**（Marine Manufacturing and Construction）
8. **海事與海岸光觀**（Maritime & Coastal Tourism）
9. **海洋商業服務**（Maritime Business Service）
10. **海洋研發與教育**（Marine R&D and Education）
11. **疏浚**（Dredging）

海洋新興產業

1. **海洋養殖**（Marine Aquaculture）
2. **深海及超深海的離岸原油及天然氣開採**（Deep Sea and Ultra Deep Sea Offshore Oil and Gas Drilling）
3. **離岸風力發電**（Offshore Wind Energy）
4. **海洋再生能源**（Ocean Renewable Energy）
5. **海洋及海床採礦**（Marine and Seabed Mining）
6. **海事安全及監控**（Maritime Safety and Surveillance）
7. **海洋生物科技**（Marine Biotechnology）
8. **高科技海洋產品與服務**（High-tech Marine Products and Services）
9. **其他**（Others）

由於全球人口不斷成長，所需食物及能源增加，世界貿易經濟發展需求，氣候及環境變遷，科技的發展升級，海洋應用行爲規範及管理等因素，海洋產業未來有很大的改變，這會影響產業的內容及規模，也影響海洋教育及就業的方向。

臺灣海洋教育中心[14]曾根據海洋產業類別，擬出海洋產業八大就業類別：漁撈產業、水產養殖產業、水產加工產業、海洋科研與管理產業、海洋與海岸工程產業、船舶建造及維修產業、海運產業、海洋休閒產業等。

其中一般較熟悉的海運產業在臺灣大專院分爲輪機類科、航海類科及航運管理類科，其主要學校爲：

國立臺灣海洋大學 https://www.ntou.edu.tw/

臺北海洋科技大學 https://www.tumt.edu.tw/bin/home.php

國立高雄科技大學 https://www.nkust.edu.tw/

國立澎湖海洋科技大學 https://www.npu.edu.tw/index.aspx

藍色經濟（Blue Economy）、海洋經濟（Ocean Economy）

藍色經濟（Blue Economy）是全球近年討論話題，一般討論藍色經濟可分兩種，一種是指海洋經濟（Ocean Economy），泛指海洋資源開發與利用海洋空間的生產活動，以及直接與間接支援前述的服務產業的活動，因爲海洋是藍色的，所以稱爲藍色經濟。另一種

14 臺灣海洋教育中心，https://tmec.ntou.edu.tw/

是指比利時學者剛特．鮑利（Gunter Pauli）[15] 所倡導的藍色經濟（或藍色革命），從兼顧環保、經濟，創新發展一種循環經濟（Circular Economy）模式，強調地球上沒有所謂完全無用的廢棄物，可以取得地球生態零廢棄的環境平衡，永續利用與零排放目標，除了解決資源匱乏之餘，又能兼顧達到愛地球的商業創新，如此生生不息地循環利用，讓地球是藍色的、天空是藍色的、海洋依然是藍色的，所以稱爲「藍色經濟」。[16]

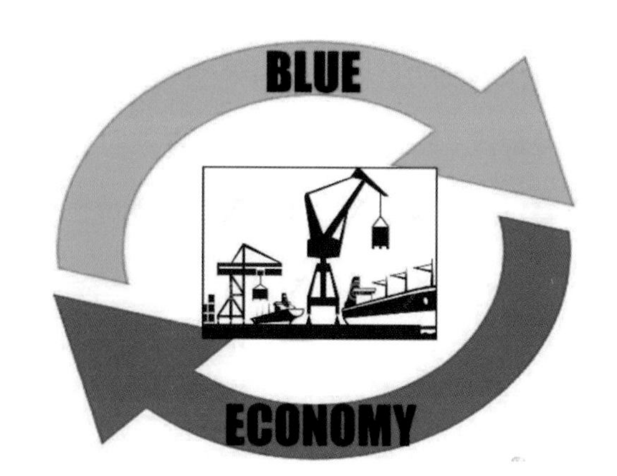

藍色經濟的資源循環使用 [17]

---

15 Gunter Pauli, https://www.gunterpauli.com/the-blue-economy.html

16 林秀玉，「經濟與環保的互利共生——藍色經濟」，2017 年科學月刊 5 月號。https://scimonth.blogspot.com/2017/09/blog-post_33.html

17 http://www.ilnautilus.it/wp-content/uploads/2018/08/BLUE-ECONOMY.jpg

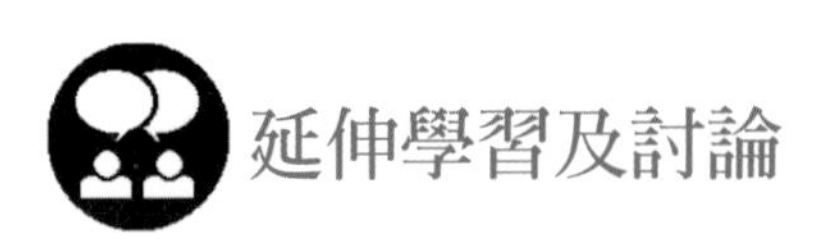

延伸學習及討論

一、現代人類日常生活與應用，與海洋有關的職業有哪些？

二、臺灣四面環海有豐富的漁產，各地漁港有哪些特殊的特色與風俗祭典？

三、海洋環境保護意識逐漸升高，臺灣海洋污染來源的主要種類及行爲爲何？

四、臺灣的政府機關（構）中，有哪些單位的職能是與海洋相關？

五、國際上有關海洋事務的重要組織有哪些？主要功能爲何？

六、何謂「大航海時代」？其主要內容及影響爲何？

七、地球氣候變遷對海洋環境及應用，可能有哪些影響？

第二章 海運地理

海運方式是特定地理空間內經濟活動的重要因素，貨物透過經濟活動的運送距離位移和儲存時間提前、延遲，創造貨物的空間與時間效用（包括客運的服務）。隨著跨國貿易的成長，海運的空間結構中其複雜地理環境及位置，對生產、配送和貨物的流動，依運輸需求使運輸系統要使用多種運輸方式、不同的運輸節點與運輸網路，海運地理成爲一種基本的知識。

2.1 海運系統概述

海運系統是以海上客貨運輸爲目的，在特定的區域內，由各種必要的物質實體爲基礎而構成的經濟活動，成爲海運系統。海運衍生經濟需求的產生，這是世界經濟的內部組織、社會環境及自然環境的差異性，導致各區域間產生交流與互補的物流循環[1]。

運輸系統的核心是由運輸節點（Node）、運輸網路（Network）和運輸需求（Demand）所組成，其基本元素是指運輸位置、運輸供

---

1 陸琪，《世界海運地理》，上海交通大學出版社，2012，上海。

給和運輸範圍。

1. **節點**：運輸所連接的主要位置通常稱爲節點，節點是起點、終點或轉運點，海上運輸的節點就是港口（Port），有時是兩種運輸方式的轉換點（如海空、海陸聯運等）。
2. **運輸網路**：指運輸基礎設施和運輸終端的組織與空間結構。如海運航線、航空航線、鐵公路路線、管道路線在特定節點所組成不同層次的連接運輸網路。
3. **運輸需求**：這是對運輸服務和運輸方式的需求，如全球貿易活動是貨物流動所產生對運輸的需求。

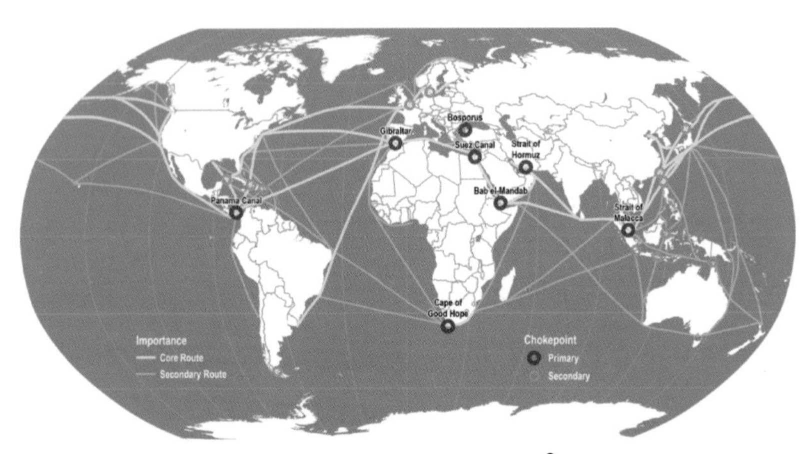

圖 2　世界主要海運航線[2]

2 Maritime Geography and Routes, Maritime Transport https://transportgeography.org/?page_id=1762

海運系統是由運輸節點、網路和需求所衍生出來，基於海上運輸特殊屬性所形成空間及物質要素為：

1. **海運節點**：港口是海上運輸的起點和終（轉運）點，也是海運與陸運的交接點。
2. **海運航線**：海上運輸的航線分布於世界各大海洋之中，眾多的航線與節點構成海上運輸的運輸網路。
3. **海運貨物**：海運貿易量的多寡和流向是構成海運系統物流的基礎，是產生海運需求的根本。
4. **海運船舶**：船舶是海上運輸的載具，是完成貨物運輸，形成海運網路連接海運港口的重要因素。

海運系統的要素相互作用、相互影響，是根據各自特性在系統內發揮作用：

1. **海運港口的特性**：港口功用會受自然地理位置的影響，港口除提供船舶停靠及貨物裝卸外，還進行貨物的加工、倉儲及轉運等功能，近代國際物流中心是港口發展的新興業務。
2. **海運航線的特性**：在選擇航線時要考慮貨物、船舶、港口的條件特性，海運航線也會受到政經環境的限制，近代因航運競爭也有採取不同公司彼此航線聯營方式。
3. **海運貨物的特性**：海上運輸的貨物主要是大宗原物料，以及各類的商品，是船舶運送及港口裝卸的主要對象，不同類型貨物需要不同類型船舶載運，港口對不同貨物採取不同裝卸方式，貨物不同的流向及數量規模影響航線的調度安排。

4. **海運船舶的特性**：海運船舶主要是指商用船舶用於裝運客貨的船舶，船舶的品質、數量、類型以及營運方式，都直接影響海運系統的發展，現代船舶朝大型化、高速化、自動化及環保節能發展，也會對港口的作業配合條件提高要求。

自然地理環境，其地理條件、氣候條件、生態環境及自然資源都影響當今世界各國的海上運輸及國際物流體系的形成。海洋是船舶活

表 2 各大洋主要海峽水道

大洋別	海峽
太平洋	北有白令海峽（Bering Strait）與北冰洋相通，向東通過巴拿馬運河與大西洋相通，西北有拉彼魯茲海峽（La Perouse Strait）與日本海相通，西南通過新加坡海峽（Singapore Strait）與印度洋相通，其他海峽分布在日本海與東南亞地區，臺灣附近有臺灣海峽及巴士海峽（Bashi Channel）。
大西洋	溝通黑海與地中海的博斯普魯斯海峽（Bosporus Strait）、達達尼爾海峽（Dardanelles Strait），溝通地中海與大西洋的直布羅陀海峽（Strait of Gibraltar），溝通北海與大西洋的多佛海峽（Strait of Dover）。
印度洋	溝通太平洋與印度洋的馬六甲海峽（Strait of Malacca）、龍目海峽（Lombok Strait），溝通印度洋與紅海的曼德海峽（Strait of Mandeb），溝通印度洋與波斯灣的荷姆茲海峽（Strait of Hormuz）。
其他	麥哲倫海峽（The Strait of Magellan）位於南美洲大陸和火地島（Tierra del Fuego）之間，好望角（Cape of Good Hope），位於非洲南端大西洋與印度之間。

動的主要區域，因此也成爲人類經濟活動的重要場所，船舶航行的主要水有太平洋、大西洋、印度洋等，又因大陸及島嶼和半島的分隔，形成不同的屬海，如南中國海、地中海、波斯灣、紅海、加勒比海等，這些連接上述水域的海峽及運河，都是沿岸國家及全世界船舶的重要區域。

船舶在大海航行具有離海岸遠、航線長特性，且受洋流、氣象變化及災害性天氣（颱風、海嘯等）影響，如何選擇一條安全暨經濟的航線是大海航行的重要關鍵，所謂最佳航線通常是指足夠安全下，航程、時間的最經濟航線，因此人類會開鑿人工運河以縮短天然地理的阻隔，以節省船舶在各海域的航行時間而產生新航線。

通航運河（Ship Canal）[3]

海域之間的通道稱爲水道或航道（Seaway/Waterway），這類水道主要包括通航運河及海峽（Channel, Strait），通航運河通常是爲了橫貫某個地峽（Isthmus），縮短兩海之間航程的距離而興建，並且貫通連接兩個國家以上。

國際上主要的通航運河有：

1. **巴拿馬運河（Panama Canal）**：運河位於巴拿馬國境內，起自

---

3 Ship Canal, Wikipedia
https://en.wikipedia.org/wiki/Ship_canal

加勒比海（Caribbean Sea）利蒙灣（Limon Bay）的克里斯托巴爾（Cristobal），終於巴拿馬灣的巴爾博業（Balboa），運河大幅縮短美國東西兩岸的海上航程。運河長 64 公里，由大西洋及太平洋不同多個船閘所組成，船閘水深 12.5 公尺、寬 32 公尺、長 94 公尺。後續為因應船舶大型化進行運河拓寬計畫，2016 年完工的新船閘可供 14,000TEU 貨櫃船通過。

2. **蘇伊士運河（Suez Canal）**：位於埃及東北部，北起賽得港（Port Said）南到蘇伊士城的陶菲克港（ Port Tewfik），長 190 公里、最小的寬度為 60 公尺，水深 18 公尺，2001 年經加深及拓寬後，水深已達 22.5 公尺，是歐洲和美洲出發到東非、南亞及大洋洲的便捷航道。
3. **基爾運河（Kiel Canal）**：位於北海和波羅的海之間的德國境內，運河寬 103 公尺、水深 11.27 公尺，運河從易北河（Elbe River）河口到波羅的海（Baltic Sea）的基爾，成為波羅的海沿岸國家重要航運線。
4. **科林斯運河（Corinth Canal）**：位於希臘南部的伯羅奔尼撒半島科林斯地峽，長 6.3 公里、寬 25 公里，平均水深 7 公尺，是溝通愛奧尼亞海與愛琴海的海上通道。

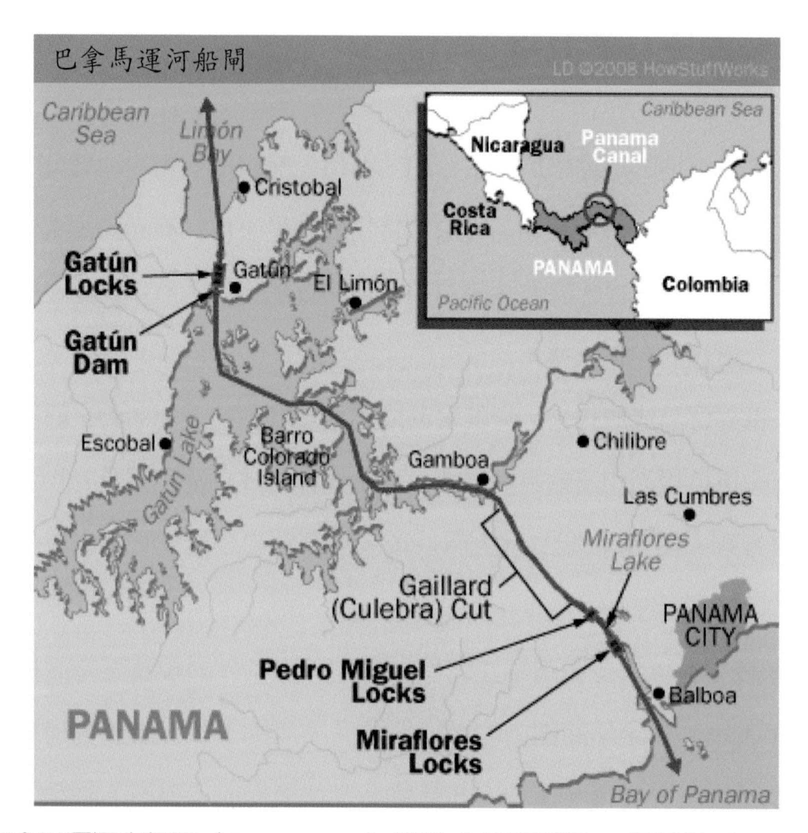

巴拿馬運河由加通（Gatun Locks）船閘（大西洋側）、加拉特（Gaillard Cut）切道（大陸分水嶺）及米拉弗羅利斯（Miraflores Locks）船閘（太平洋側）所組成[4]。

4　The Panama Canal: Locks n Crocs
http://dellamoustachella.blogspot.com/2013/12/the-panama-canal-locks-n-crocs.html

2.2 國際貿易與海運

世界海運的地理格局是由船舶、港口、航線、貨物的地域分布與組合所形成的經濟互動關係，由於貨物流動是來自經濟活動需求，貨物在各區域的差異，導致國際商品交易的貿易格局，而貨物是船舶、港口、航線的存在依據。

世界貿易成形以來，國際貿易成爲全球經濟的重要活動，隨著海上運輸科技提高和運輸範圍擴大，海上運輸也成爲國際貿易的物流作業的方式。從 20 世紀二次大戰以後，國際貿易經歷了三個主要階段是：

1. **保護主義**：大多數國家在關稅、配額、限制外國投資等方面採取保護措施，全球範圍內的原物料及商品流動不多，由於各種規定及保護主義盛行，運輸方式及貿易文件製作成本很高，限制了海運發展。
2. **跨國貿易**：由於國際貿易組織（World Trade Organization, WTO）的成立與進行貿易協定（規定）的訂定，促進國際貿易的公平與方便性，貨櫃（Container）的發展使用，改善運輸條件與技術，已開發國家勞動成本及生產條件提高，開始向其他國家投資生產。
3. **國際物流**：隨著國際貿易的區域增加，服務貿易也開始成長，跨國採購生產、異地銷售服務，商流、資訊流及物流服務系統逐漸成形，特別是電子商務形成全球的生產、銷售服務物流網路。

國際貿易（International Trade）亦稱爲進出口貿易，指一個國家（地區）與其他國家（地區）進行商品（或提供勞務服務）的交換活動。臺灣地處世界海運中心位置之一，與世界各國進行國際貿易是促進產業經濟與提升國民生活水準的重要方式。

表 3　中華民國進出口貿易國家（地區）名次（2019 年）

國家／地區	名次	比重	出口名次	比重	進口名次	比重
中國大陸	1	24.26	1	27.904	1	20.07
美國	2	13.18	2	14.049	3	12.17
日本	3	10.94	4	7.071	2	15.40
香港	4	6.72	3	12.247	29	0.37
韓國	5	5.63	6	5.144	4	6.20
新加坡	6	4.24	5	5.523	8	2.77
馬來西亞	7	3.22	8	2.855	5	3.65
越南	8	2.60	7	3.272	11	1.84
德國	9	2.58	9	1.981	7	3.28
荷蘭	10	2.23	11	1.781	9	2.75
澳大利亞	11	2.17	15	0.983	6	3.54
泰國	12	1.58	12	1.675	15	1.48
沙烏地阿拉伯	13	1.40	28	0.278	10	2.70
菲律賓	14	1.34	10	1.863	21	0.73
印尼	15	1.23	16	0.887	12	1.63
阿拉伯聯合大公國	16	0.99	21	0.457	13	1.60

國家／地區	名次	比重	出口名次	比重	進口名次	比重
印度	17	0.94	14	0.997	20	0.88
英國	18	0.91	13	1.086	23	0.70
法國	19	0.77	20	0.462	16	1.12
義大利	20	0.74	19	0.601	19	0.91

資料來源：經濟部國際貿易局網站貿易統計。

全球的國際貿易貨物有 90% 以上是使用海上運輸，如果不是海上運輸具有運量大、運費低特性，世界各地的大宗散貨（煤、鐵、礦石等）與生活商品，無法有效率運送到世界各地。近代世界貿易的自由化、運輸工具的改良、管理技術的使用，使全球經濟活動更加繁盛。全球有超過 50,000 艘的商船在運行，150 個國家以上的船籍國註冊，100 萬名以上船員（Seafarer）分布在各個國家[5]，航運的運費收入及外僱船員的薪資也是重要貿易服務收入來源。

現代爲維持全球海運在有效率及安全條件下運作，聯合國的國際海事組織（International Maritime Organization, IMO）制定各項有關船舶及船員的檢查及安全資格協定（條件），成爲各海運國家相互遵循的依據。航運企業相較陸上企業，地球氣候變遷下的海洋環境變化及船舶污染議題，也使船舶在環保的設施，須投下更多的改善資金，對

5 Shipping and World Trade
http://www.ics-shipping.org/shipping-facts/shipping-and-world-trade

國際貿易未來都形成多方的影響。

世界海運是國際貿易的衍生需求，海運在國際貿易的角色有一些特徵：

1. 大宗貨物占主要分量，其中原油及製品、散貨（鐵礦石、煤炭、穀物）已占 50% 以上。
2. 已開發國家與發展中國家之間海運不平衡，已開發國家輸出高價值商品，發展中國家則輸出原物料及日用品，貨量不平衡。
3. 主要航運集中在歐洲、美洲及亞洲，遠東 - 歐洲的亞歐航線、越太平洋航線、北美洲至歐洲的大西洋航線是主要幹線。
4. 世界主要海運運能集中在歐洲、亞洲、北美洲的國家，其船隊控制載重量噸在世界總量的 70% 以上。

貨櫃（Container）和貨櫃化（Containerization）

馬爾柯姆 · 麥克萊恩（Malcom McLean, 1913～2001），原爲美國卡車司機，因將貨櫃應用在內陸運輸及海運使用，一般稱爲貨櫃化之父[6]。在早期貨物是用散裝或裝桶方式，由卡車運送至港口裝卸，裝卸效率低及費用高，故產生用大箱子進行貨物的包裝運送想法。他所購置改裝的「SS Ideal-X」貨櫃船於 1956 年 4 月 26 日首先進行從紐

---

6 Malcom McLean
https://www.logisticshalloffame.net/en/members/malcom-mclean

約至休士頓的貨櫃航線首航，開啓了海上運輸的貨櫃化時代。後續於 1957 年 10 月 4 日美國海陸公司（Sea-Land）的貨櫃船「Gateway City」是世界第一艘全貨櫃輪[7]。今日海上運輸常用貨櫃促進貨物在不同運輸具之間搬運，是一項重要的運輸工具發明。

Malcom McLean：貨櫃化之父

2.3 世界分區地理

在海洋運輸使用何種船舶，是由貨物的種類、特點所決定，載貨船舶所停靠的港口，所經過的航線是由供需雙方的地理位置所決定，貨物是船舶、港口、航線存在的依據。各區域的貨物差異，導致國際分工和國際貿易的需求。貨物的供給者與需求者互動形成的地理分布

---

7 The Story of Malcom McLean
https://maritime-executive.com/article/the-story-of-malcolm-mclean

格局，即是國際商品貿易流向的空間格局，同時港口的吞吐貨物構成，也反映其腹地的經濟、貿易特性[8]。

在西元 15 世紀前後開始的地理大發現（西班牙及葡萄牙開始海上競爭的大航海時代），使分隔的世界透過新航線的開拓開始連接在一起，全球化的變化開始了啓程。在經濟全球化的要素中：金融資本的全球運作、貿易的全球自由化、生產組織的全球化、全球資源市場化的合理配置，都與海運發展有關。

全球化也埋下區域經濟整合的種子，各國進行區域經濟整合的目的是促進組織成員的經濟技術合作、實行關稅互惠、取消貿易壁壘、組成共同市場，推動區域經濟整合的進程；同時保護成員國的共同利益，提高對外的整體競爭力，區域經濟整合成爲全球化的基礎。其中具有世界意義的是歐洲聯盟（EU），北美自由貿易區、（NAFTA）、東南亞國協（ASEAN）、和亞太經合組織（APEC），這些都是透過投資和貿易來實現。

世界貿易首先是海上貿易，而海運是服務貿易的重要組成分子，海運爲國際貿易提供運輸工具和勞務，藉以收取租金和運費。它不是以實體商品形式收費，而是以勞動方式收費，是服務貿易的一種，世界很多國家把海洋運輸收入作爲增加外匯收入的重要手段，例如船員勞務、船舶租賃、造船融資貸款。

8　陳月英、王永興，《世界海運經濟地理》，科學出版社，2016，北京。

亞洲

亞洲為世界面積第一大洲，地形複雜主要可區分中國大陸、東北亞、東南亞、阿拉伯及印度半島等，各地區經濟發展程度不一，中國大陸為重要的航運發展地區，中日韓為世界的主要造船地區，中亞阿拉伯地區為原油輸出地區，東南亞為聯接亞、歐重要航道。

歐洲

歐洲北、西、南三面瀕臨北冰洋、大西洋、地中海與黑海，地中海是世界最大的陸間海，位於歐、亞，非三大洲之間。海運是歐洲交通運輸業重要支柱，歐洲海岸線漫長，擁有上百海岸與內河港口。歐洲與北美州、亞洲的海運航線是世界主要的貿易路線，主要海運強國及航運中心也在此處。

非洲

非洲西瀕大西洋，東臨印度洋，北接地中海的直布羅陀海峽，東北以蘇伊士運河與紅海相接。非洲地理位置具有重要戰略意義，蘇伊士運河、直布羅陀海峽（Strait of Gibraltar）、曼德海峽（The Bab el-Mandeb Strait）、莫桑比克海峽（Mozambique Channel）、紅海以及好望角航路，都是世界重要海運貿易路線。

大洋洲

大洋洲廣義包括澳大利亞大陸、紐西蘭南北兩島、新幾內亞島

（New Guinea）、塔斯馬尼亞島（Tasmania），以及附近一萬多個島嶼，地處亞洲、非洲、拉丁美洲與北美洲之間，是連接各大洲的海、空航線與海底電纜通過之地，海運貿易主要以農礦業爲主。

北美洲

北美洲主要爲美國、加拿大及格陵蘭（丹麥）。美國東西兩岸是大西洋、太平洋，北有五大湖與加拿大相接，東南臨墨西哥灣，隔海與西印度群島相望。加拿大位於北美洲的北方，東臨大西洋，西瀕太平洋，北鄰北冰洋，南接美國本土，擁有世界最長的海岸線。這地區是世界主要海運貿易地區。

拉丁美洲

拉丁美洲是指美國以南的美洲地區，包括北美洲的南部和南美洲的全部，即由墨西哥與中美洲地峽、加勒比海地區和南美洲大陸等地理單元組成，過去是由拉丁語系的西班牙與葡萄牙所殖民統治。拉丁美洲位於西半球大陸的南方，東臨大西洋、西瀕太平洋，北部與美國連接，加勒比海的眾多島嶼又構成與美國東南部相通的陸橋，中部最狹窄的巴拿馬地峽與巴拿馬運河是溝通太平洋與大西洋的最近通道，南部有德雷克海峽（Drake Passage）與南極大陸相望，爲南半球海洋運輸的通道。

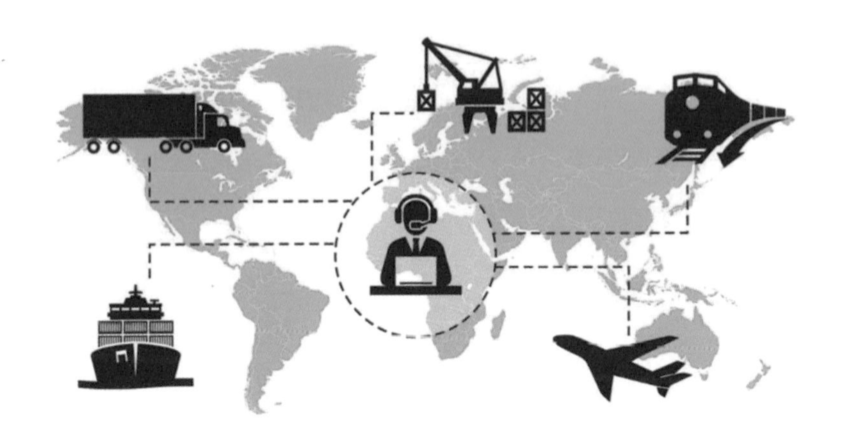

區域經濟整合（ Regional Economic Integration），是指某一區域內的數個國家間彼此協調，共同實行某些關稅措施，用以促進彼此之間的經濟合作關係，甚或放棄部分國家主權，結合成爲一個更大的經濟體[9]，已超越地理上的區隔。目前全球各區域經濟整合的重要協定[10]或組織有：

1. **跨太平洋夥伴全面進步協定（Comprehensive and Progressive Agreement for Trans-Pacific Partnership, CPTPP）**：是 2018 年

9 Money DJ 理財網
https://www.moneydj.com/kmdj/wiki/wikiviewer.aspx?keyid=d31cf65d-f7b7-454f-9b31-4e57db4e100a

10 全球區域經濟整合，經濟部國際貿易局經貿資訊網
https://www.trade.gov.tw/Pages/List.aspx?nodeID=1351

由日本、加拿大、澳洲、紐西蘭、馬來西亞、新加坡、越南、汶萊、墨西哥、智利及秘魯 11 個國家共同簽署成立。

2. **區域全面經濟夥伴關係協定（Regional Comprehensive Economic Partnership, RCEP）**：是由東南亞國家協會十國發起，由中國、日本、韓國、澳洲、紐西蘭等與東協有自由貿易協定的六國於 2019 年共同參加。
3. **太平洋聯盟（Pacific Alliance, PA）**：是 2012 年由秘魯、智利、墨西哥、哥倫比亞所組成的新興經濟組織。
4. **北美自由貿易協定（North American Free Trade Agreement，NAFTA）**：是美國、加拿大及墨西哥在 1992 年簽署了關於三國間全面貿易的協議。2018 年更名為「美 - 墨 - 加協定」（United States-Mexico-Canada Agreement, USMCA）。
5. **南方共同市場（MERCOSUR）**：是巴西、阿根廷、烏拉圭、委內瑞拉（2017 年被終止成員國資格）和巴拉圭五個南美洲國家的區域性貿易協定。
6. **歐洲聯盟（European Union, EU）**：歐盟是歐洲多國共同建立的政治及經濟聯盟。
7. **東南亞國家協會（Association of Southeast Asian Nations, ASEAN）**：東協是集合東南亞區域國家的一個政府性國際組織。

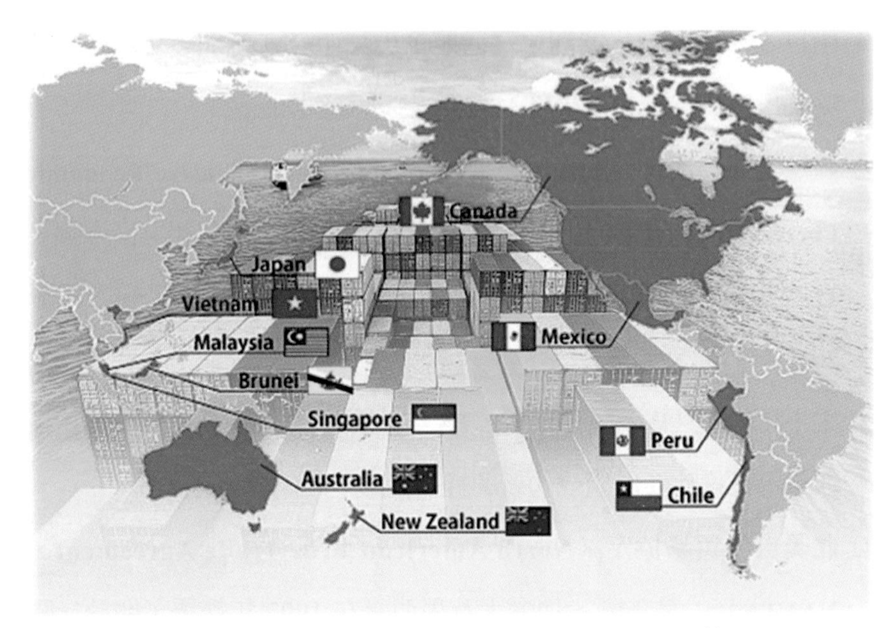

跨太平洋夥伴全面進步協定（CPTPP）成員國[11]

延伸學習及討論

一、我國主要對外海運貿易國家及地區有哪些？有何特性？

二、海運貿易與貨物種類有關，臺灣的進出口貨物（原物料）種類與哪些地區有關？

三、世界各地理區域的經濟整合趨勢，對海運有何影響？

---

11 CPTPP to bring direct economic benefits and stimulate domestic reform https://www.vir.com.vn/cptpp-to-bring-direct-economic-benefits-and-stimulate-domestic-reform-56980.html

四、地理的區隔與經濟發展的差異，對海運航線決定有何影響？

五、海運船舶因應運送貨物種類及地理限制，有哪些種類？

六、在海運地理上有那些種重要樞紐港（Hub Port），有何特色？

七、亞洲有哪些重要海峽，其在海運的角色爲何？

第三章 海運要素

現代海運航線（Maritime Route）的組成涉及運輸航線選擇（依自然地理、貨源流向、政治限制、競爭者），船隊調度（依自購或租賃、聯營或自營、經濟規模），運送貨物（依種類、數量、流向、運價）等因素而決定，而一船公司所公布的船隊航線大小，亦代表其在海運營運的規模。

3.1 海運航線

海運航線是船舶在兩個港口之間的海上航行路線，在航線的分類上也受到天然條件的影響。一般在營運上區分為：

1. 依據航行水域區分

(1) **遠洋航線（Ocean Going Shipping）**：指國與國之間經過一個或數個大洋的國際海上運輸航線，例如高雄－洛杉磯－巴拿馬運河－倫敦。

(2) **近洋航線（Near Sea Shipping）**：指一國各港口至鄰近國家港口的運輸航線，例如高雄－香港－新加坡。

(3) **沿海航線（Coastal Shipping）**：指一國之內沿海區域的各港口間之運輸航線，例如高雄－臺中－基隆。

(4) **環球航線（Round The World, RTW）**：指將大西洋、印度洋及太平洋航線連接起來的航線，依出發方向有東向及西向的航線，都是繞行地球一周的航程。

2. 依據貨物直接或間接運送

(1) **直達航線（Direct Route）**：船舶在運送範圍，從出發港至目的港不在中途裝卸貨物的運輸航線。

(2) **轉運航線（Transshipment Route）**：船舶在運送範圍，從出發港至目的港，在中途停靠港口裝卸貨物或使用駁船的運輸航線。

3. 依據開航時間區分

(1) **定期航線（Liner Shipping）**：指船舶有固定船期表及停靠港口並對外公告攬貨，簽訂艙位運送契約，一般指貨櫃輪航線。

(2) **不定期航線（Tramp Shipping）**：沒有固定開航船期表，依據船舶所有人和承租人簽定的租船合約排定航程及停靠港口，一般爲承運大宗貨物的散裝船，例如煤、鐵、穀物等貨物。

航線的選擇主要考量安全與經濟，在確保船舶安全下選擇航行時間最短、經濟效益最高的航線，並應考慮下列因素：

1. **自然因素**，包括氣候（季風）、海象水文（潮汐、海浪）、沿岸地質（人工障礙物）等。

2. **船舶因素**，包括船舶的物理特性（噸位、續航能力、吃水、淨高、船員資格等）。
3. **限制海域**，沿海國家在其內海、領海、專屬經濟區會設置各項禁區（例如軍事演習、海底管道、海拋區、離岸風力發電、禁漁、禁錨區）。
4. **地名因素**，在選擇出發港、停靠港、終點港時，因世界有不少同名的地名與港口，應註明港口所在地區或國名在海運提單上，以避免錯誤。

在海運的定期航線泛指貨櫃航運，有固定的航班時間與停靠港口，其定期航線的型式[1]依航行區域有：

1. **起訖港航線（End to End Service）**：船舶由出發港沿途停靠數個作業港後再循同樣路徑返回出發港，出發港也是終點港，基本航線上停靠港的貨量及流向是平衡（例如遠東至美國西岸港口）。
2. **環球航線（Round The World Service）**：船舶主要航行太平洋、印度洋及大西洋，是將三個大洋航線連接，恰好繞行地球一周，也是經過全球主要貿易的三個區域。
3. **鐘擺式航線（Pendulum Service）**：結合兩大洋的往返航線，再結合其他運輸支線完成全球航線，如遠東至美國西岸、歐洲。

---

1 Types of Liner Services, Logistics India
https://logisticallyyours.wordpress.com/2013/04/25/types-of-liner-services/

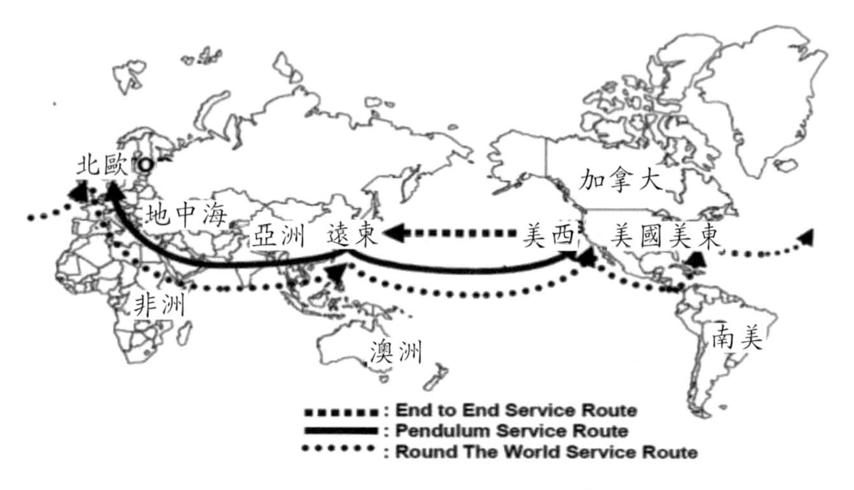

圖 3 定期航運的航線種類[2]

4. **軸輻式航線（Hub & Spoke Service）**：船舶選擇一個或數個主要樞紐港（Hub）停靠，其可供裝卸貨源數量大，沿航線的小型集貨港口將鄰近貨物集中用送至樞紐港（反向爲疏運配送），形成以樞紐港爲核心，集貨港（Feeder Port）是輻射向樞紐港集中的航線網路。

2 https://www.slideshare.net/EMDADJKKNIU/presentation-on-liner-shipping

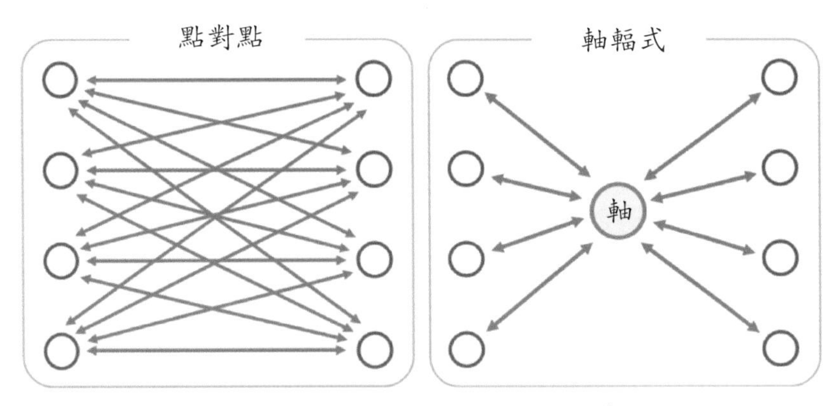

圖 4　點對點與軸輻式運輸網路[3]

西北航道（Northwest Passage）、東北航道（northeast passage）

近年因地球氣候暖化影響，北極圈冰洋逐漸融解出現新的海上航

3　The Hub-and-Spoke Route System for LTL Freight
https://bamfreight.com/the-hub-and-spoke-route-system-for-ltl-freight/

道，一般稱為東北航道，是西起冰島，經巴倫支海，沿歐亞大陸北方海域向東，直至白令海峽的航道，與西北航道，由丹麥的格陵蘭經加拿大北部的北極群島（Arctic Archipelago）到阿拉斯加北岸的航道，這是大西洋和太平洋之間最短的航道。

透過北極航道，西歐與東亞之間的航程將比現有的蘇伊士運河航線縮短約 5,500 公里，換句話說，往來橫濱與鹿特丹的船舶經俄羅斯沿岸的東北航道將縮短航程 22%，也就是至少免去 10 天航程，又能避開麻六甲及中東海域等高風險區域，又可減少高額的燃油與保險成本，舊金山至鹿特丹經美加沿岸的西北航道，不再經過巴拿馬運河，也可省掉 15% 總航程。

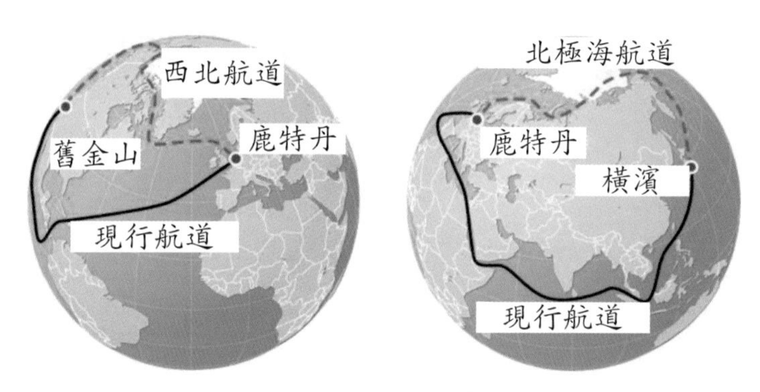

北極海新航道[4]

4 北極海航路

http://eon.yu-nagi.com/arctic/NSR/NSR_1.html

部分領土處於北極圈內的八個國家，即加拿大、丹麥、芬蘭、冰島、挪威、俄羅斯、瑞典、美國，它們同時也是北極理事會（Arctic Council）的創始會員國，已開始主張其對北極海域的主權。北極東北航道將避開南海—印度洋—蘇伊士運河這條傳統航線；而北極西北航道將避開通過巴拿馬運河的太平洋航道，未來對東亞港口的航線將會有重要影響。

3.2 海運船舶

船舶依據使用屬性可分為民用和軍用兩種類型，民用船舶有商船、公務船、漁業用船、海洋科學研究船、實習船、海洋鑽油船、離岸風力發電工作船等類型，其中商船可再區分為貨船（Cargo Ship）、客船（Passenger Ship）及客貨兩用船。貨船是載運貨物船舶，也是主要海上運輸船隊的組成分子。

我國「船舶法」第 3 條對各船舶的管理名詞定義是：

1. **船舶（Ship）**：指裝載人員或貨物在水面或水中且可移動之水上載具，包含客船、貨船、漁船、特種用途船、遊艇及小船。
2. **客船（Passenger Ship）**：指非小船且乘客定額超過十二人，主要以運送乘客為目的之船舶。
3. **貨船（Cargo Ship）**：指非客船或小船，以載運貨物為目的之船舶。

4. **特種用途船（Vessel of Special Purpose）**：指從事特定任務之船舶。
5. **遊艇（Yacht）**：指專供娛樂，不以從事客、貨運送或漁業為目的，以機械為主動力或輔助動力之船舶。
6. **自用遊艇（Private Yacht）**：指專供船舶所有人自用或無償借予他人從事娛樂活動之遊艇。
7. **非自用遊艇（Non-private Yacht）**：指整船出租或以其他有償方式提供可得特定之人，從事娛樂活動之遊艇。
8. **小船（Small Ship）**：指總噸位未滿五十噸之非動力船舶，或總噸位未滿二十噸之動力船舶。
9. **載客小船（Passenger Small Ship）**：指主要以運送乘客為目的之小船。

商船（Merchant Ship）的型式[5,6]，其中貨船依承運貨物種類及設備的不同，主要可分為：

1. **貨櫃船（Container Ship）**：是以裝載貨櫃為主的船舶，其裝載能力一般以換算裝載20英呎的標準櫃數量來計算，全貨櫃船（Full

---

5 Diagram of Merchant Ship Type
http://indonesiaseafarer.blogspot.com/2017/02/diagram-of-merchant-ship-type.html

6 Different Types of Ship in the World Merchant Fleet
https://www.ics-shipping.org/shipping-facts/shipping-and-world-trade/different-types-of-ship-in-the-world-merchant-fleet

Cellular Container Vessel）是全部裝運貨櫃，不會裝載其他貨物。半貨櫃船（Semi Container Vessel）是多用途船舶，船艙的一部分作爲貨櫃專用，其他貨艙可裝載其他貨物。

2. **散貨船（Bulk Carrier）**：專門運載粉狀、顆粒或塊狀的非包裝大宗貨物，常採用大型專門裝卸機械，以因應不同的貨物作業。
3. **雜貨船（General Cargo Ship）**：可裝載爲貨箱、成桶或成捆雜貨的船舶，也時也能載運一些特種貨物如火車、大型機器等。
4. **駛上駛下船（Roll on/Roll off Ship, RO/RO）**：是透過船舶首、尾兩側或兩舷開口及使用船上踏板放置在碼頭，再運用拖車或堆高機將貨櫃或貨物底盤拖運至碼頭。
5. **化學品船（Chemical Tanker）**：船上有特殊儲槽及管線設備，運送化學工業原料或製成品，一般在碼頭使用管道（Pipeline）或化學槽車接運。
6. **冷藏船（Reefer Ship）**：使生鮮蔬果、漁肉等易腐食品，處於低溫冷藏或冷凍條件下，進行運送的專用船舶。
7. **液貨船（Liquid cargo Ship）**：運載液態貨物船舶，主要有油船（Oil Tanker）、液化天然氣船（Liquefied Natural Gas Carrier/LNG Carrier）、液體化學品船（Liquid Chemicals Tanker）。
8. **木材船（Timber Ship）**：專門用以裝載木材或原木的船舶，船艙口大、艙內無梁柱與其他妨礙裝卸的設備，爲防甲板上的木材被海浪拋出舷外，在船舷外會設置各式舷牆。

9. **駁船（Barge Carrier）**：載運貨物駁船的運輸船舶，又稱子母船，常用型式爲 Lighter Aboard Ship（LASH），先將貨物裝上駁船，在載駁船（母船）裝上駁船（子船），運送至目的港再將駁船放下，由拖船分送至目的地。

用於海上運輸人員和車輛的運輸船舶，主要爲客船、駛上駛下船（中國大陸稱爲滾裝船），客船主要用於運送旅客及隨身行李、郵件，根據「國際海上人命安全公約」（International Convention for the Safety of Life at Sea, SOLAS）凡載客 12 人以上的船舶即爲客船，我國「客船管理規則」第 2 條：本規則所稱客船，指非小船且乘客定額超過十二人之船舶。

客船較貨船具有較高的航速，通常是航線固定、航班定期，隨著長途航空運輸的發展，客船逐漸轉爲短程運輸及旅遊服務，客船種類可分爲：

1. **海洋客船**：一般稱爲郵輪航行在具有觀光名勝的港口之間，航線有環球也有區域性，近年來有搭配飛機行程與郵輪的「Fly-Cruise」旅遊方式，如基隆港一日、韓旅遊。
2. **旅遊船**：此型船舶在風景秀麗的海域巡航或環球航線上定期航行，如地中海島嶼、越南下龍灣。
3. **汽車客船**：是一種沿海客船，以運輸旅客及其自用車輛爲主，船上自備跳板供車輛上下，高雄—馬公港及歐陸的海峽渡輪。
4. **內河客船**：航行於江河、湖泊上的傳統客船，載客次數頻繁，如日月潭、長江渡輪。

5. **小型高速客船**：這種船舶多航行海峽與島嶼之間，如香港—澳門、嘉義布袋—澎湖馬公港。

海上還有一些特殊用途船舶，作爲公務與專業用途使用，如下列船舶：

1. **鑽井平臺（Drilling Platform）**：使用鋼質的柱腳支撐在海面上，進行海底原油的鑽探，其移動需靠大型拖船協助。
2. **海洋調查船（Ocean Survey Ship）**：負責調查海洋、研究科學知識的船舶，海洋科學包括氣象、物理、化學、生物、地質及地球科學等，多屬學術研究機關組織使用。
3. **海難救助船（Rescue Ship）**：是專門用於遇難船舶的救助使用，近代船上也有配備直升機協助，船上備有吊桿、絞盤、小艇等。
4. **破冰船（Icebreaker Ship）**：用於結冰水面開闢航道的特種船舶，如北冰洋港口的臨近水道。
5. **航空測量船（Aerospace Survey Ship）**：對航空物（衛星、導向火箭）進行測量、追蹤的測量船，具有精密對空搜索、搖控設備。
6. **消防船（Fire Boat）**：由消防隊對海上船舶及臨海建物發生火災時，進行消防救難使用，具有噴水槍、抽水設備及儲水槽。

7. **警艇（Police Boat）**：由港務警察在水域

巡邏執法使用。

8. **拖船（Tug Boat）**：在河、海港水域協助船舶進出及靠、離碼頭使用，通常具有灑水設備可供海上火災救難使用。

 航速單位——節（Knot）、浬（Nautical Mile）[7]

「節」，16 世紀的西方水手爲測量船舶航速，將繩索繫上木片再一段一段打上結，故繩子被分爲許多「節」，測量航速時將繩子放入船側水中，當船前進時繩子飄至船後，計算繩子的節數並以沙漏計時，測出相同的單位時間裡，繩索被拉的節數，就得到相對應的航速，現在海船航速單位爲 1 節 =1 浬 / 小時 =1,852 公尺。

「浬」，是用於航海的長度計量單位，國際上沒有統一的符號，通常用 nm、nmi 來表示，在中國大陸則是用海里來表示。

「浬」在傳統上的定義爲地球子午圈的一份弧長，也就是圍繞地球一圈的一角分（一圈等於 360 度，一度等於 60 分，故一浬的長度爲子午線長度兩倍 ÷360÷60）。

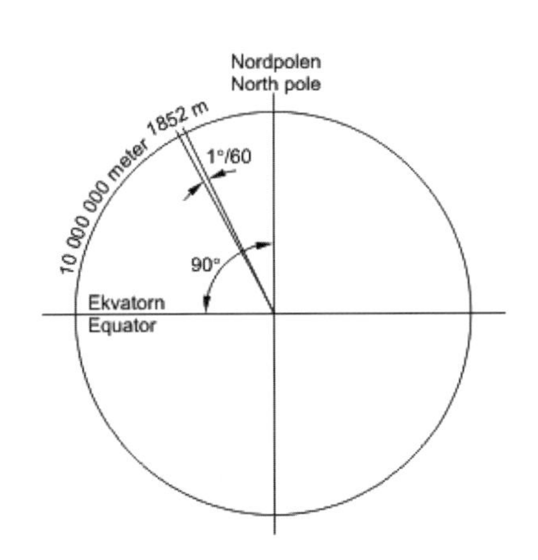

7 What is the difference between a nautical mile and a knot? https://oceanservice.noaa.gov/facts/nauticalmile_knot.html

由於地球並非標準球體，地球上一度的距離並不完全相當，在赤道上一浬約 1,843 公尺，在緯度 45 度處一浬約 1,852.2 尺，在地球兩極處一浬約 1,861.6 公尺，故 1929 年摩洛哥國際特別水文地理學會（International Extraordinary Hydrographic Conference）通過決議，規定世界統一度量的航海長度單位：1 浬 =1,852 公尺。

3.3 海運貨物

海運貨船運送的對象是貨物（Cargo），各式的貨物其包裝、規格、特性、裝運要求及裝運方式不盡相同，掌握貨物的基礎知識是確保貨物運輸安全的重要開始，不同的貨物選擇不同的貨船運送。

按貨物的型態和運輸方式[8]可分為：

1. **雜貨（General Cargo）**：又稱什雜貨，貨物以包裝或裸裝型式，多數有貨物標誌，按貨物重量或體積計算運費，如原木、桶裝油品、箱裝貨物等。
2. **散裝固體貨物（Solid Bulk Cargo）**：是按貨物重量計算運費的貨物，無包裝和標誌，如礦石、煤炭、穀物等。
3. **散裝液體貨物（Liquid Bulk Cargo）**：是按貨物重量計算運費的貨物，如散裝的石化油品、液化天然氣（Liquefied Natural Gas,

8　邱文昌，《船舶貨運》，上海交通大學出版社，2015，上海。

LNG）、液化石油氣（Liquefied Petroleum Gas, LPG）等。

4. **單位化貨物（Unitized Cargo）**：利用貨盤、包裝袋、網袋、棧板化（palletized）將貨物成組集合成單元，便利貨物的搬運。

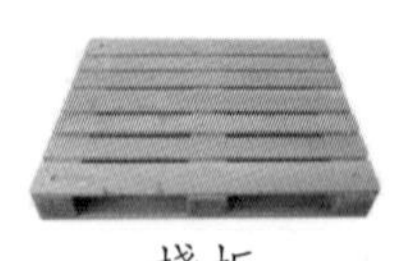
棧板

5. **貨櫃貨物（Container Cargo）**：裝入貨櫃的貨物，包括各種用棧板、網袋、貨盤、各式雜貨等貨物。

貨櫃

海運貨物包裝上使用的標誌俗稱嘜頭（Mark），指在託運的貨物包裝或裸裝貨物上，由發貨人使用塗刷、印染、懸掛、黏貼等方法，以簡單的圖案、符號和文字製作的標誌。

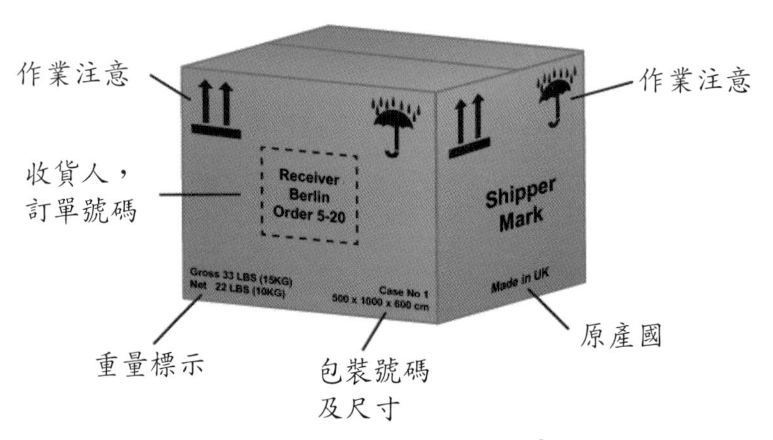

圖 5　貨物標示的嘜頭標誌[9]

9　Shipping Mark Guide
http://freightfilter.com/shipping-mark-guide/

貨物標誌的作用是使工作人員在運輸中識別及辨認貨物，以利貨物的裝運、分貨、理貨（Tally）和交接。標誌中顯示貨物重量、尺寸、性質及注意事項等，在裝運中指示工作人員正確操作，以保障貨物完整及人員、船舶的安全。

貨物託運人應依據貿易合約規定，出貨前負責對貨物加以正確標誌，船方在接受託運貨物時，應仔細檢查貨物的標誌是否正確及是否清楚，如有缺乏標誌或標誌模糊，並應拒絕受理裝運。

在國際貿易中已形成較爲一致的貨物標誌型式，按貨物標誌的作用不同，可分爲主標誌、副標誌、指示標誌等三種：

1. **主標誌（Main Mark）**：又稱發貨標誌，以簡單的幾何圖形（如三角形、菱形、圓形等）配以文字表示，包括收貨人名稱、合約編號或信用狀（Letter of Credit, L/C）編號、發貨符號。
2. **副標誌（Counter Mark）**：又稱輔助標誌，其內容通常包括：
   (1) 貨名（Description of Cargo）：貨物的標準運輸名稱，對外貿易貨物應以英文及生產國二種文字編寫。
   (2) 目的港（Destination）：貨物運往的目的地，用文字寫出全名。
   (3) 件數（Package Number）：用來區分貨物組別和物件數量。
   (4) 重量和尺寸標誌（Weight and Measurement）：用以表示重量和尺寸，便於計算運費、積載（Stowage）、裝卸與堆放，重量通常標示毛重和淨重，尺寸指外包裝或裸裝貨物的外形尺寸，標示貨物的「長 × 寬 × 高」。

(5) 原產國標誌（Original Mark）：在包裝上的貨物製造國名稱，一般以英文及生產國二種文字表示，是國際貿易中特殊需要的一種出口標誌，因對不同國家有數量或稅率管制時較易辨別。

3. **指示標誌（Instructive Mark）**：又稱保護標誌，根據貨物特性以特定的圖案或文字提醒人員在裝卸、保管、開啓等過程中應注意事項，以確保貨物的安全。

目前國際標準化組織制定有「包裝儲運圖示標誌」（Packaging - Distribution packaging - Graphical symbols for handling and storage of packages）的國際標準（ISO 780: 2015）[10]，常用參考圖示如表 4。

表 4　貨物包裝參考指示標誌 [11]

°C °C		
Temperature Sensitive 溫度極限	Keep Dry 注意防雨	Fragile 易碎物品

10 ISO 780: 2015
https://www.iso.org/standard/59933.html

11 Shipping Mark Guide
http://freightfilter.com/shipping-mark-guide/

This Way Up 向上	Centre of Gravity 重心	Use No Hooks 禁用鉤子
	FOTO	
Do Not Stack 禁止堆疊	Photographic Materials 照相底片	Lift Box Here 此處用手推車
Handle with Care 小心搬運	Protect from Heat 怕日照	Food 食品

貨櫃中心（Container Terminal, CT）

海運貨櫃運輸是海運貨物的重要運送方式之一，除了貨櫃船外，還有港口碼頭的貨櫃中心協同進行海陸、鐵公路運輸的貨物集散與裝卸作業，爲爭取船席和提高船邊作業效率，大型航商會在地理位置重要港口設置專用碼頭（Exclusive Wharf），貨櫃中心內部會設有船席、貨櫃場、貨櫃集散站、拖車、車架及橋式起重機等設施。

貨櫃碼頭作業[12]

延伸學習及討論

一、目前航運營運方式有哪些？其特色爲何？

二、航線選擇除考量地理及經濟因素，舉例說明有可能的政經環境影響因素。

三、船舶功能的專業化趨勢對貨物運輸有哪些影響？

四、有哪些環境因素會影響船舶的航線選擇與作業方式？

五、海運工具貨櫃化後，有哪些貨物可改用貨櫃運送？方式爲何？

六、舉例說明海運專用貨物運輸船有哪些？其貨物特性爲何？

七、試討論對外貿易貨物標誌有哪些作用？

---

12 Sea freight Services
https://www.pkcargo.co.uk/sea-cargo

第四章 航運組織

船舶及航運是全球行業中最具國際性，因此相關的管理與制度成爲彼此商業交易的遵循與爭議解決的依據。由於海運面對大自然海洋具有高度的風險性，各國從歷史對海洋的探險及海上貿易的演化有不同的習慣，近代逐漸建立各種航運組織協商訂定各式協定以供各方遵循，維護船舶航行安全及貿易秩序。

4.1 相關國際組織

一艘船舶在所有權及管理權往往涉及不同國家，船員也都具有不同國籍，所以航運是具國際性，需要國際組織對航運作出相關規定，也供其他相關國際組織參考及規範使用。

1. 國際海事組織（International Maritime Organization, IMO）[1]

它是聯合國負責船舶海上航行安全和防止

---

1 International Maritime Organization
http://www.imo.org/EN/Pages/Default.aspx

發生海洋污染的一個專門機構，其宗旨是促進各國的航運技術合作，鼓勵各國在促進航運安全、促進船舶航行效率、防止和控制船舶對海洋污染採取統一標準，處理有關的法律議題，其總部是設在英國倫敦。

1948 年 3 月 6 日在瑞士日內瓦舉行的聯合國海運會議，通過了「政府間海事協商組織公約」，並於 1958 年 3 月 17 日該公約生效。依照該公約規定於 1959 年 1 月 13 日在英國倫敦正式成立「政府間海事協商組織（Intergovernmental Maritime Consultative Organization）」，自 1982 年 5 月 22 日該組織改名爲國際海事組織。

國際海事組織主要活動是制定和修改有關海上安全、防止海洋污染、便利海上運輸和提高航行效率，以及有關的海事責任方面的公約、規則、議定書及建議案，實務經驗交流和海事報告，運用聯合國和捐助國提供經費爲發展中國家提供技術援助。

2. 國際勞工組織（International Labor Organization, ILO）[2]

是處理勞工問題的聯合國專門機構，最早成立於一次世界大戰後的 1919 年，根據「凡爾賽和約」談判而形成國際勞工組織，最初是國際聯盟的一個附屬機構，二次世界

2 International Labor Organization
https://www.ilo.org/global/lang--en/index.htm

大戰後聯合國成立，1946 年 12 月 4 日成爲聯合國一個專門機構，其總部設在瑞士日內瓦。

國際勞工組織其宗旨是促進充分就業和提高生活水準、擴大社會保障措施、保護工人生活和健康、主張通過勞工立法來改變勞工狀況，進而獲得世界和平，建立社會正義。

國際勞工組織主要活動爲從事國際勞工立法、發展技術合作、發展勞動領域的研究和資訊傳遞、進行培訓與教育、推動社會保障工作、促進社會就業。國際勞工組織與航運相關公約在 2006 年被整合爲「2006 年國際海事勞動公約（Maritime Labour Convention）」，爲因應民國 102 年 8 月 20 日正式生效之國際海事勞工公約[3]（MLC 2006），我國交通部已修訂「船員服務規則」、「船舶設備規則」、「船員薪資、岸薪及加班費最低標準」、「船員體格檢查健康檢查及其醫療機構之指定辦法」、「船員及雇用人雙方應遵守之安全衛生注意事項」及「船員定期僱傭契約範本」等國內法規，使國內法與國際公約接軌，並公告訂定我國符合海事勞工公約聲明書（PART I）及授權中國驗船中心辦理我國國際航線船舶符合 MLC 公約之檢查與發證作業。

3　Maritime Labour Convention, 2006
https://www.ilo.org/global/standards/maritime-labour-convention/lang--en/index.htm

3. 國際船級社協會（或譯國際驗船聯盟）（International Association of Classification Societies, IACS ）[4]

於 1968 年 9 月 11 日在德國漢堡市成立，是一個非政府組織，其總部設在英國倫敦，目前成員（加入時間）共計 12 個，致力於聯合各船級社利用技術支持、檢測證明和開發研究透過海事安全與海事規範維護與追求全球船舶安全與海洋環境清潔。全球超過 90% 貨物運載的船舶噸位總量是由主要 10 個成員船級社及 1 個意向船級社所設計、建造和通過符合國際船級社協會所定的標準與海事規範審核認證要求的船舶運載。

我國驗船業務始於民國 40 年 2 月 15 日在臺北市成立「中國驗船協會」，簡稱 CR。復於民國 67 年 7 月 1 日接受民間捐助，改組並更名為「財團法人中國驗船中心」。民國 103 年 5 月 2 日，爲提供更完整之服務，調整英文名稱爲 CR Classification Society。該中心爲一民間純技術性，不以營利爲目的之服務事業機構，其目標爲提供優良之技術、高度之效率與熱忱之服務。

4 International Association of Classification Societies
http://www.iacs.org.uk/

表 5　國際船級社協會成員（加入時間）

船級社協會	加入時間
美國船級社（American Bureau of Shipping, ABS）	創始成員
法國船級社（Bureau Veritas, BV）	創始成員
中國船級社（China Classification Society, CCS）	1988 年（大陸）
挪威船級社（Det Norske Veritas Germanischer Lloyd, DNV GL）	由兩創始成員 DNV（挪威船級社）與 GL（德國勞氏船級社）於 2013 年 9 月合併
韓國船級社（Korean Register of Shipping, KR）	1990 年
英國勞氏船級社（Lloyd's Register, LR）	創始成員
日本海事協會（NK Nippon Kaiji Kyokai, ClassNK）	創始成員
義大利船級學會（Registro Italiano Navale, RINA）	創始成員
俄羅斯海事船級社（Russian Maritime Register of Shipping, RS）	創始成員
波蘭船級社（Polski Rejester Statkow, PRS）	2010 年
印度船級社（Indian Register of Shipping, IRS）	2010 年
克羅埃西亞船舶登記局（Croation Register of Shipping（Croatian: Hrvatski registar brodova, CRS）	2010 年

4. **國際燈塔協會（或譯國際航標協會）**（International Association of Lighthouse Authorities, IALA）[5]

係非營利的國際專業組織，創立於 1957 年，總部設在法國巴黎。該協會集合海事輔助設備廠商和顧問，給來自世界各地之航運機關、業者提供互相交流經驗與諮商的機會。

早期，世界上有多達三十幾種的浮標系統，在西元 1976 年由國際燈塔協會定出了（IALA-A 系統）。並在 1980 年代初制定了（IALA-B 系統）。從此世界上就只存在這兩種浮標系統，兩種系統燈號表示顏色位置方向是相反，使得航海工作更加一致化，減少出錯的機會[6]（如下圖示）。A 區制是：絕大部分的「歐、亞、非」國家在使用，B 區制是：全美洲、日本、韓國、臺灣、菲律賓在使用。目前臺澎金馬地區歸屬交通部航港局轄管之助航設施，主要項目包括燈塔 36 座、燈杆 44 座、雷達標杆 14 座。爲與國際接軌，我國航路標識係採行國際燈塔協會「B」區制之規定，即船舶出港時，港口右側爲綠燈，左側爲紅燈。

---

5 IALA AISM
https://www.iala-aism.org/

6 浮標系統（Buoyage System）
http://fc8685.pixnet.net/blog/post/213689122-%E6%B5%AE%E6%A8%99%E7%B3%BB%E7%B5%B1-buoyage-system

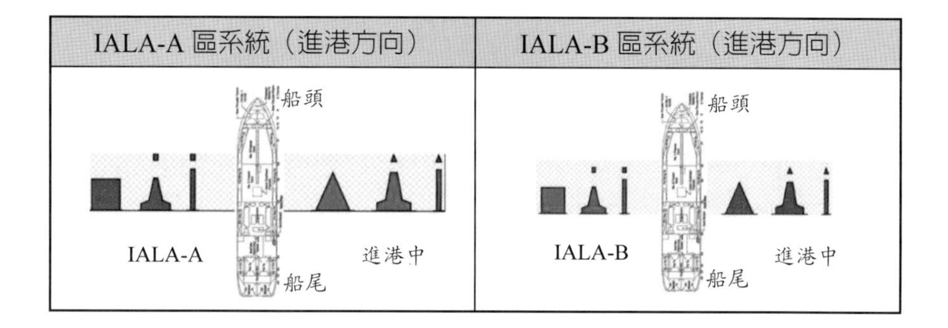

5. **國際海事衛星組織**（International Maritime Satellite Organization, INMARSAT）[7]

是英國的衛星通信公司，提供全球性的移動服務。以 11 個地球軌道通信衛星，通過便攜式、移動終端進行通信地面站，爲世界各地的用戶提供電話和數據服務。1976 年 9 月，42 國代表簽署了「國際海事衛星組織公約」，於 1979 年 7 月生效，該公司最早起源於 1979 年 7 月在英國倫敦成立的國際海事衛星組織，於 1982 年 2 月開始服務，是一個不以營利爲目的的國際組織，在聯合國國際海事組織的授意下成立，設立的宗旨是爲航運界提供衛星通信網絡。

除了商業服務以外，1987 年國際海事衛星組織提供船舶和飛機的全球海上遇險和安全服務（Global Maritime Distress and Safety

7 Convention on the International Maritime Satellite Organization http://www.imo.org/en/About/Conventions/ListOfConventions/Pages/Convention-on-the-International-Maritime-Satellite-Organization.aspx

System, GMDSS），替代當時採用的海上遇險和安全系統。GMDSS 要求船上攜帶一種操作簡單的設備，具有船對岸、岸對船、船對船一般通信功能和遇險、搜索信號發射、定位等功能。

6. 保險賠償協會（Protection and Indemnity Association, P&I）[8]

是一個純粹的全球性民間機構，原名爲保險賠償俱樂部（P&I Club），從 1855 年起，英國的船東們爲了避免風險相互保護，而形成一些保險賠償組織，主要是船東對第三者責任的保險，涉及內容主要是船體碰撞、乘客或船員個人損傷、貨物滅失或損壞的賠償要求。

勞合社（Lloyd's of London）

勞合社（Lloyd's of London）又譯「勞埃德保險社」，是英國倫敦市一個保險交易所（並非公司）。實際上它是由一個按照 1871 年勞埃德法令（Lloyd's Act）形成的法人團體，它爲其經濟支持者提供了一個分攤風險並進行聯營的市場，其成員可以是個人或組織。

勞合社的保險業務主要是一般的保險和再保險，但偶爾也參與人壽保險等其他領域。這個市場最初是經營海上保險，由愛德華·勞埃德（Edward Lloyd）於 1688 年在位於倫敦泰晤士河旁的咖啡店中成立，多次遷移後現在則位於倫敦市勞埃德大廈。

8 What is P&I?
https://www.shipownersclub.com/what-is-pi/

Lloyd's 早期在英國倫敦的交易場所（1688 年）[9]

4.2 國際海事公約

國際海事組織通過的國際公約、規則及決議案，即成爲會員國造船、設計、驗船、航運、海事及管理部門的必須遵守法律文件。其最著名的三大公約是「1974 年海上人命安全國際公約（SOLAS 1974）[10]」及「73/78 年的防止船舶造成污染國際公約（MARPOL 73/78）[11]」與「78/95 年航海人員訓練、發證和航行當值標準國際公約

9 Lloyd's buildings
https://www.lloyds.com/about-lloyds/history/lloyds-buildings

10 International Convention for the Safety of Life at Sea (SOLAS), 1974
http://www.imo.org/en/About/Conventions/ListOfConventions/Pages/International-Convention-for-the-Safety-of-Life-at-Sea-(SOLAS),-1974.aspx

11 International Convention for the Prevention of Pollution from Ships (MARPOL)
http://www.imo.org/en/About/Conventions/ListOfConventions/Pages/

（STCW 78/95）[12]」，這三大國際公約分別屬於船舶安全、環境保護、船員訓練的管理品質。

1. **海上人命安全國際公約（International Convention for the Safety of Life at Sea）**，是關於船舶在海上航行時，保障人命安全的公約，1974 年通過公約並於 1980 年 5 月 25 日起開始生效。該公約內容大部分是關於船舶安全設備及結構等，20 世紀 90 年代後又增加修訂人爲因素要求，海上反恐怖攻擊、保安的要求。
2. **防止船舶造成污染國際公約（International Convention for the Prevention of Pollution from Ships）**，1973 年國際海事組織爲防止船舶污染海洋經討論訂定此公約，但一直未達公約生效條件，1978 年經再次討論 1973 年公約內容後通過修訂議定書，該議定書於 1983 年 10 月 2 日生效，其縮寫即爲「MARPOL 73/78 公約」。
3. **航海人員訓練、發證和航行當值標準國際公約（International Convention on Standards of Training, Certification and Watchkeeping for Seafarers, STCW 78/95）**，是國際海事組織於

International-Convention-for-the-Prevention-of-Pollution-from-Ships-(MARPOL).aspx

12 International Convention on Standards of Training, Certification and Watchkeeping for Seafarers, 1978
http://www.imo.org/en/OurWork/HumanElement/TrainingCertification/Pages/STCW-Convention.aspx

1978 年 7 月 7 日通過，1984 年 4 月 28 日生效，後於 1995 年通過修正案，在此公約執行中，有一白名單（White List）概念，由國際海事組織公布符合此公約要求的國家名單，表明其船員訓練、考試和發證，全部或部分符合公約要求，其所簽發的船員證書才可能得到全世界認可。

4. **國際船舶載重線公約（International Convention on Load Line 1966, CLL）**[13]，是關於船舶載重線勘劃的國際公約，是國際社會爲保障海上人命財產安全，而制定關於國際航行船舶載重限額的統一原則和規則。1966 年 4 月 5 日各國簽署該公約，並於 1968 年 7 月 21 日生效，國際海事組織後續爲適應現代航運需要，進行多次修改。

5. **國際海上避碰規則（Convention on the International Regulations for Preventing Collisions at Sea 1972, COLREGs）**[14]，是國際海事組織爲保障海上航行安全，防止船舶相互碰撞而制定的國際規則。1960 及 1972 年兩次召開國際會議討論，1972 年 7 月 5 日生效，

---

13 International Convention on Load Lines
http://www.imo.org/en/About/Conventions/ListOfConventions/Pages/International-Convention-on-Load-Lines.aspx

14 Convention on the International Regulations for Preventing Collisions at Sea, 1972
http://www.imo.org/en/OurWork/Safety/Navigation/Pages/Preventing-Collisions.aspxPage Content

後續進行多次修正案。

聯合國海洋法公約（United Nations Convention on the Law of the Sea, UNCLOS）[15,16]

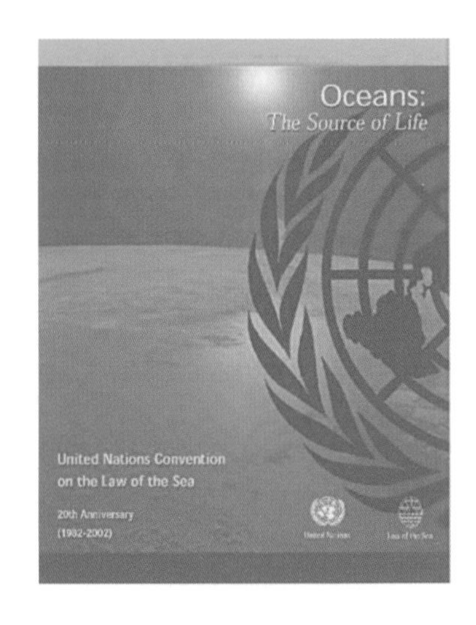

聯合國爲維護海域秩序，從 1956 年至 1982 年召開七次國際海洋法會議，陸續訂定沿海國能擁有的海洋權利範圍及種類，於 1982 年所訂定的「聯合國海洋法公約」對內水（Internal Waters）、領海（Territorial Sea）、鄰接區（毗連區）（Contiguous Zones）、專屬經濟海域（專屬經濟區）（Exclusive Economic Zone, EFZ）、大陸礁層（大陸棚、大陸架）（Continental Shelf）及公海（High Sea）等劃分作了明確界定。

這部法律考慮現有海洋的資源權利保護，也明確區分沿海國的海域主權行使範圍，提供鄰近國家彼此有紛爭時的解決機制，在此公約協商訂定過程，也讓沿海國家在國家海域管轄範圍、資源開發、環境

---

15 吳靖國，《8 個你不可不知的海洋議題》，三民書局，2019，臺北。

16 Oceans and the Law of the Sea
http://www.imo.org/en/OurWork/Legal/Pages/UnitedNationsConventionOnTheLawOfTheSea.aspx

保護及科學研究等建立共識。

我國自退出聯合國後並未簽署此一公約，目前我國與日本對釣魚臺列嶼；我國越南、菲律賓對南海諸島的海域管轄範圍紛爭，其適用爭議協商裁定仍有爭議。

4.3 國內相關組織

臺灣的海運事業及擁有商船船隊在世界占有重要地位，並成立各區域性的專業會員組織，平時聯誼、交換資訊，並向政府提出相關海運政策及法規修訂的建言，後續介紹主要的海運相關組織：

1. **中華民國輪船商業同業公會全國聯合會（National Association of Chinese Shipowners, NACS）**簡稱「全國船聯會」[17]，於民國 36 年 7 月 3 日在上海成立，首任理事長爲杜月笙，爲全國性商業團體之一。民國 39 年 5 月經香港播遷來臺，由部分理監事繼續行使職權，民國 67 年 2 月 24 日召開了來臺後首次會員代表大會，並補選缺額理監事，來共同推行會務，當時僅有全國船聯會而無地方公會，因不合商業團體法之規定，乃在臺北市、高雄市及臺灣省分別設立地方公會，以符合全國船聯會須有三個以上地方公會組

---

17 中華民國輪船商業同業公會全國聯合會 http://www.nacs.org.tw/01.html

成的規定。所以全國船聯會之在臺灣，係先有全國船聯會而後有地方公會，與一般公會先有地方公會再組全國聯合會的情形不同。台北市輪船商業同業公會（Taipei Shipowners' Association, TSA）[18]於民國 59 年 7 月 10 日在全國船聯會的輔導協助下正式成立，爲了與全國船聯會的業務密切協調配合，兩會合署辦公，最初會址設於臺北市忠孝西路 1 段 87 號 3 樓，後於民國 62 年 9 月 1 日遷至臺北市重慶南路 1 段 10 號台企大樓 5 樓的現址。成立之初，由當時招商局董事長曹仲周先生等 15 位業界領袖發起籌備，於民國 59 年 7 月 10 日召開成立大會，通過會章並選舉理、監事，結果由復興航業公司總經理趙璋先生擔任首屆理事長。

2. **台北市船務代理商業同業公會（Taipei Shipping Agencies Association, TSAA）**[19]，成立於民國 57 年 9 月 6 日，成立之前，臺北市船務代理同業即定期在中山北路美而廉餐廳聚會，聯絡情誼、交換業務經驗與航運情報，商討共同性問題，至 57 年由參加聯誼聚會之同業發起，依法令規定籌組同業公會，民國 63 年依經濟部「商業團體分業標準」更名爲「台北市船務代理商業同業公會」，以促進航業發展，協助政府推行航運政策及政令，維持增

18 台北市輪船商業同業公會
http://www.csaot.org.tw/01.html

19 台北市船務代理商業同業公會
http://www.tsaa.com.tw/

進同業共同利益。

3. **臺灣遊艇工業同業公會（Taiwan Yacht Industry Association, TYIA）**[20]，前身為「臺灣區造船工業同業公會遊艇委員會」。有鑒於遊艇製造產業有別於傳統造船的製造需求以及其特殊發展性，由聯華公司苗育秀董事長聯合當時最具領導地位的七家船廠，越興、建華、中華、海群、陳振吉、國森、寶島，共同籌組臺灣區遊艇工業同業公會。經過多方的努力，臺灣區遊艇工業同業公會於民國 72 年以協調同業關係，增進共同利益，促進經濟發展為宗旨，正式立案，並於 103 年更名為臺灣遊艇工業同業公會。並在歷任理事長的帶領下，積極協助會員拓展海外市場、改良遊艇工業技術、培育產業專業人才，以及改善產業製造環境，進而提升臺灣遊艇在全世界的競爭力。

4. **台北市海運承攬運送商業同業公會（International Ocean Freight Forwarders & Logistics Association, Taiwan, IOFFLAT）**[21]，公會於 1985 年 12 月 5 日發起組織申請，1986 年 4 月 30 日正式成立，初始會員數為 114 家，至 2018 年會員公司已達 741 家。1989 年加入 FIATA 國際貨運代理聯盟成為組織會員。以服務會員、協調同業

---

20 臺灣遊艇工業同業公會
http://www.taiwan-yacht.com.tw/

21 台北市海運承攬運送商業同業公會
http://www.iofflat.com.tw/

關係，增進共同利益，擴展國際交流，促進本業發展爲宗旨；並以致力於教育訓練、提升產業形象及執業水準爲主要任務。

5. **中華民國貨櫃儲運事業協會**（**Container Terminal Transport Association R.O.C**）[22]，中華民國貨櫃儲運事業協會依法完成立案，成立日期爲民國 65 年 10 月 9 日。以貨櫃集散、倉儲、運輸、製造、修護實務及有關法令規章，共同謀求改進，並溝通政府機關與貨櫃業間意見，俾利業務執行，以增進共同公益，促進經濟發展爲宗旨。

6. **中華民國船長公會**（**The Master Mariners Association**）[23]，早期以所有商船船員，無論其工作類別或職位級別一併納入海員工會組織。按海商法規定，船長在出航中，有若干工作應爲船舶所有人的代理人。其代理權雖與船舶經理人的代理權不同，但因此使船長具有勞方資方雙重身份。後於民國 50 年 6 月 16 日中華民國船長公會籌備會第一次籌備會議於臺北市召開，會中並決定於同年 7 月 8 日假中國之友社舉行船長公會成立大會。

---

22 中華民國貨櫃儲運事業協會
http://www.cctta.com.tw/web/guest/index

23 中華民國船長公會
http://mastermariner.org.tw/

台灣海峽兩岸航運協會（台航會）
海峽兩岸航運交流協會（海航會）

海峽兩岸政府經多年協商促進海運直航，我方的「財團法人海峽交流基金會」與大陸「海峽兩岸關係協會」，於民國 97 年 11 月 4 日簽署「海峽兩岸海運協議」。

海峽兩岸簽訂海運交流協議[24]

達成協議如下：

一、經營資格

雙方同意兩岸資本並在兩岸登記的船舶，經許可得從事兩岸間客貨直接運輸。

---

24 http://big5.gov.cn/gate/big5/www.gov.cn/jrzg/images/images/620b5f2f1c4f0a7b1f0a01.jpg

二、直航港口

雙方同意依市場需求等因素，相互開放主要對外開放港口。

三、船舶識別

雙方同意兩岸登記船舶自進入對方港口至出港期間，船舶懸掛公司旗，船艉及主桅暫不掛旗。

四、港口服務

雙方同意在兩岸貨物、旅客通關入境等口岸管理方面提供便利。

五、運力安排

雙方按照平等參與、有序競爭原則，根據市場需求，合理安排運力。

六、稅收互免

雙方同意對航運公司參與兩岸船舶運輸在對方取得的運輸收入，相互免徵營業稅及所得稅。

七、海難救助

雙方積極推動海上搜救、打撈機構的合作，建立搜救聯繫合作機制，共同保障海上航行和人身、財產、環境安全。發生海難事故，雙方應及時通報，並按照就近、就便原則及時實施救助。

八、輔助事項

雙方在船舶通信導航、證照查驗、船舶檢驗、船員服務、航海保障、污染防治及海事糾紛調處等方面，依航運慣例、有關規範處理，並加強合作。

九、互設機構

雙方航運公司可在對方設立辦事機構及營業性機構，開展相關業務。

延伸學習及討論

一、試討論國際海事組織的部門功能，對海運政策影響。

二、我國未參與主要國際組織會議，其議決之法案或規定，如何適用納入於我國之法規體系？

三、與我國海運發展相關國際組織的功能是哪些？

四、請討論與船舶維護、船員訓練有關公約的內容。

五、各港口所在縣市有哪些海運服務相關組織。

六、兩岸海運的協商組織，對直航前的爭議重點爲何？

七、試討論航運輔助服務產業有哪些組織？其功能有哪些。

第五章 航運行業

海上運輸是交通運輸的主要方式之一，對於沿海國家而言，造船的技術能力、擁有登記船籍的噸位數量，以及對海運後勤服務的產業，都是一航運中心或海運強國的表徵。航運行業有投資高、回收期長、依賴國際貿易情勢消長等特徵，對於位於海上貿易交通要衝的國家，對於航運行業會有扶持鼓勵措施以振興經濟。

5.1 世界造船行業

造船工業的發展與世界航運業的營運興衰息息相關，也與世界貿易流量大小相依。造船工業是現代製造工業的組合，關係到國防安全及相關經濟產業發展，從小型到大型各式漁業、觀光、貨運、公務等船舶，相關造船行業展現一國的船舶工藝技術能力。近年來世界一般商船製造主要在東亞地區的造船集團，如南韓、中國大陸、日本及臺灣的主要造船廠。

1. 南韓

現代重工業株式會社

（Hyundai Heavy Industries

Co., Ltd.，簡稱HHI）[1]，總部位於韓國蔚山市於1972年成立，為世界第一大造船公司，主要為船舶、工業和能源領域提供工程、製造、安裝服務。旗下設有6個事業部：造船事業部、海軍及特種船部、海洋工程事業部、工廠工程事業部、發動機與機械事業部及研究發展部。造船事業部主要設計和建造原油與化學品油船、成品油船、LNG和LPG運輸船、潛艇、驅逐艦、護衛艦、通用貨船、散貨船、半潛式鑽臺和軍用船等。發動機與機械事業部，則是全球最大的船用柴油機製造商。

三星重工株式會社（Samsung Heavy Industries co., Ltd. 簡稱SHI）[2]，總部位於首爾，創立於1974年，造船基地位於南韓東南方的巨濟市。三星重工的主要業務為液化天然氣船（LNG Carriers）、大型客船、鑽探船，其油品船製造更是世界第一。

大宇造船海洋株式會社（Daewoo Shipbuilding & Marine Engineering Co., Ltd. 簡稱DSME）[3]，總部設於首爾，造船基地位於南韓

---

1 Welcome to Hyundai Heavy Industries
https://english.hhi.co.kr/main/

2 Welcome to Samsung Heavy Industries
http://www.samsungshi.com/eng/default.aspx

3 Global DSME
https://www.dsme.co.kr/epub/main/index.do

東南部巨濟島的玉浦，前身為1973年的玉浦船廠，1978年設立大宇造船海洋株式會社，原屬於大宇集團，後於1997年脫離大宇集團。主要產品液化天然氣船、貨櫃船、鑽探船及海上油井平臺等，也製造潛艇及驅逐艦，其中液化天然氣船技術領先世界，也是世界最大深海石油開採設備製造商。

2. 中國大陸

中船重工（CSIC）

中國船舶重工集團組建於1999年，是大陸最大的造、修船集團之一，是中央授權投資的機構和資產經營主體，總部設在北京，主要管轄北方（天津、河北、山東及遼寧）及內地（四川、湖北和陝西）造船廠。主要從事海軍裝備、民用船舶及配套、非船舶裝備的研發生產。中船重工擁有大陸目前最大的製造修船基地，集中了中國大陸艦船研究、設計的主要力量，具有較強的自主創新和產品開發能力。主要經營範圍包括：經營集團公司和成員單位的全部國有資產；開展境內外投融資業務；承擔以艦船為主的軍品科學研究生產；承擔國內外民用船舶、設備和非船舶產品的設計、生產和修理。

旗下擁有大連船舶重工集團有限公司、渤海船舶重工有限責任公司、武昌船舶重工集團有限公司、山海關船舶重工有限責任公司、青島北海船舶重工有限責任公司、天津新港船舶重工有限責任公司、大連船用柴油機有限公司等一批船廠和設備企業。

中船集團（CSSC）

中國船舶工業集團公司組建於 1999 年，是在原中國船舶工業總公司所屬部門企事業單位基礎組建的中央直屬特大型國有企業，在業務上形成了以軍工爲核心主線，包括製造修船、海洋工程、動力裝備、機電設備、信息與控制、生產性現代服務業六大產業協調發展的產業格局，在海洋防務裝備、海洋運輸裝備、海洋開發裝備、海洋科考裝備四大領域擁有雄厚實力。

中船集團主要造船設施位於上海、廣東及江西，大部分造船業務在上海完成，集團旗下有江南造船（集團）有限責任公司、滬東中華有限責任公司、上海外高橋造船有限公司、上海造船廠有限責任公司、廣州廣船國際股份有限公司。

中國船舶重工集團公司[4] 由於大部分子公司位於中國長江以北，俗稱「北船」，它與主要營運中國長江以南的中國船舶工業集團公司俗稱「南船」區分。2019 年 10 月 25 日，中國船舶工業集團有限公司與中國船舶重工集團有限公司宣布聯合重組爲中國船舶集團有限公司（China State Shipbuilding Corporation Limited, CSSC），總部設在北京市。

---

4 中國船舶重工集團公司
www.csic.com.cn

3. 日本

三菱重工（Mitsubishi Heavy Industries, Ltd. 簡稱 MHI）[5]成立於 1884 年，後於 1950 年重組，總部位於日本東京，主要爲航空、船舶、國防、太空與能源領域提供產品和服務，設有 5 個事業部：商業航空與運輸系統事業部、國防和太空系統事業部、機械事業部、設備與基礎設施事業部、能源與環境事業部。其中商業航空與運輸系統事業部包括商船領域，具體部門是造船與海洋發展部以及船用機械與發電機部，主要製造、安裝、銷售和服務 LNG 和 LPG 運輸船、客船、商用郵船、特種船等，以及供應船用設備和發動機、船用結構物和自動化系統，並提供工程服務。三菱重工擁有 3 家主要船廠，均位於長崎。軍用船部門則主要爲日本海上自衛隊設計和建造驅逐艦、潛艇等各種類型軍用船。

5　Mitsubishi Heavy Industries
https://www.mhi.com/company/location/index.html

4. 臺灣

台灣國際造船股份有限公司（CSBC Corporation, Taiwan）[6]，其英文名 CSBC Corporation Taiwan 中的「CSBC」是舊名「中國造船公司」的英文名縮寫（**C**hina **S**hip **B**uilding **C**orporation, CSBC），CSBC 設立於 1973 年 11 月 7 日，爲臺灣最大的造船公司，總部位於高雄，在基隆和高雄設有 2 個造船廠，並設立臺北辦公室就近服務客戶與船東。CSBC 公司提供各種產品和服務，如商船、海軍艦艇與公務船建造和商維、大型鋼結構和機械製造、海上工程製造、組裝、運輸、吊裝、商維和其他核心業務項目等。

船舶暨海洋產業研發中心（Ship and Ocean Industries R&D Center, SOIC）[7]，民國 65 年 7 月 1 日正式成立財團法人聯合船舶設計發展中心，以提供船舶工程規劃、工程設計、研究發展、技術服務及知識整合之服務，協助國內外船舶、海洋及相關產業之升級與發展爲宗旨，以培植國人自力設計船舶能力爲目標。爲配合國家經貿全球化產業政策的需求，承擔海運需求的造船任

---

6 台灣國際造船股份有限公司
http://www.csbcnet.com.tw/

7 船舶暨海洋產業研發中心
https://www.soic.org.tw/

務，中心於民國102年完成轉型更名（簡稱「船舶中心」），以成就國家海洋興國的使命，重建臺灣造船產業，亦朝向「運輸與遊憩」和「海洋能源工程」等新興海洋產業技術領域邁向，力求推進我國海洋產業發展。

造船塢（Ship Building Yard）

傳統造船產業是屬於典型的勞動密集產業，現代造船廠隨著科技進步，計算機應用在船舶電腦輔助設計和製程管理上，使船舶的造船的精密度與工程管理技術能日趨完善，隨著不同類型船舶建造相似作業進行流水線生產的設計，使得傳統集中在船塢與碼頭的建造、艤裝、塗裝等作業能擴展到車間和其他平臺，分段製造、整合組裝成為現代化造船廠的作業型態。今日造船塢也強調綠色環保作業概念，在作業區域的使用原料及船體鉚接、焊接、組合等階段，避免對作業人員及海洋環境造成污染。

5.2 世界航運船隊

海運承擔全球貿易貨物的運輸工作，每天都有商船在世界各地港口之間航行，同時有船舶在不同地方進行建造及拆除，同時各國船東所擁有船舶也在不同國家或地區進行註冊船籍。

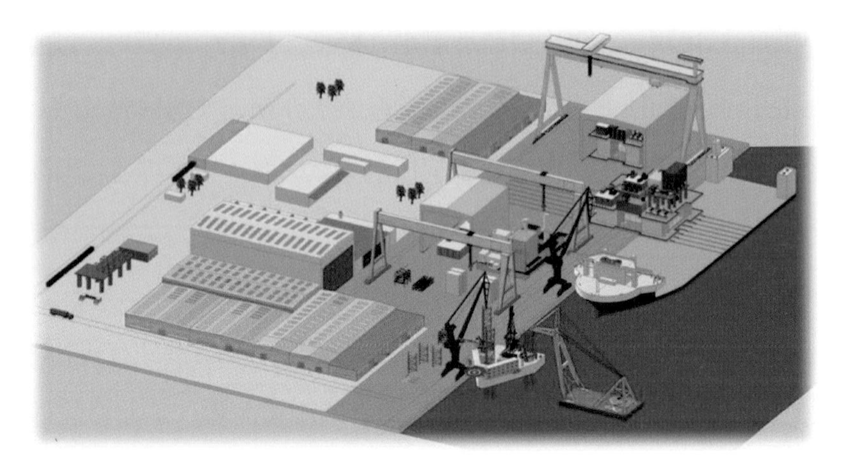

造船塢示意圖 [8]

表 6　全球 2018 年海運狀況的特殊排名 [9]

全球 90% 以上的新造船地區（總噸位，GT）		
1. 中國大陸	2. 南韓	3. 日本
全球舊船拆除量前三大地區（總噸位，GT）		
1. 孟加拉	2. 印度	3. 巴基斯坦
全球商船擁有數前三大國家（載重噸，DWT）		
1. 希臘	2. 日本	3. 中國大陸
全球權宜輪註冊量前三大國家（載重噸，DWT）		
1. 巴拿馬	2. 馬紹爾群島	3. 賴比瑞亞

---

8 Shipyard & factory planning
https://www.img-tech.de/en/services/shipyard_and_factory_planning

9 Merchant fleet
https://stats.unctad.org/handbook/MaritimeTransport/MerchantFleet.html

依據聯合國統計，目前全球各式商船及海上設備以中國大陸、南韓及日本爲主要製造生產國，特別是貨櫃船、一般貨船、石化及天然氣船、海事工程平臺，而郵輪屬高級的船舶工藝技術，仍只有歐洲少數國家船廠製造。

隨著新興造船技術（船體大型化）及國際海事對船舶構造的新規定（如壓艙水排放管理、船舶低硫燃料轉換、雙殼船體等），航運界也加速汰舊換新，舊船拆除後可將部分材料回收運用，對於勞力工資及環保標準較低地區，便成爲舊廢船的最終處理地點。

全球的商船隊仍主要屬於少數航運發達國家，過去船舶以歐美國家較多，隨著亞洲地區造船業及航運業的發展，東亞地區逐漸迎頭趕上，我國船舶載重噸合計排名爲世界第 11 位，顯示海運業爲重要外貿服務業支柱。

表 7　全球 2019 年商船所有數排名 [10]

船舶所屬國家		船舶艘數／載重噸（DWT）			
		國籍輪	權宜輪	合計	載重噸
1	希臘	670	3866	4536	349 195 189
2	日本	875	2947	3822	225 121 215
3	中國大陸	3987	2138	6125	206 301 032
4	新加坡	513	1214	2727	121 485 648

10「Review of Maritime Transport 2019」,UNCTAD, p37.

船舶所屬國家		船舶艘數／載重噸（DWT）			
		國籍輪	權宜輪	合計	載重噸
5	中國香港	890	738	1628	98 128 318
6	德國	212	2460	2672	96 532 360
7	大韓民國	774	873	1647	76 701 517
8	挪威	367	1671	2038	61 115 099
9	美國	822	1153	1975	58 377 706
10	百慕達	14	518	532	58 232 207
11	中華民國	134	871	1005	51 091 107
12	英國	327	1000	1327	48 673 337
13	丹麥	26	954	980	43 004 271
14	摩洛哥	-	448	448	42 277 013
15	比利時	107	191	298	30 166 459

定期貨櫃航運業是世界海運業的主要運輸角色，隨著船舶大型化、操作自動化、海運油料價格升高、艙位運能供給過剩、船舶環保規定趨於嚴格等因素，海運公司不堪成本壓力，有的倒閉（南韓Hanjin Shipping）或進行併購（馬士基併入 P&O Nedlloyd, Hamburg Sud）、重組（日本 'K' Line, MOL and NYK 組成 Ocean Network Express, ONE）、合併（中遠和中海集團）、聯盟（2M Alliance, Ocean Alliance, The Alliance）等方式進行營運，形成大者恆大市場。

表 8　全球 2019 年遠洋貨櫃航運公司運能排名[11]

序	航運公司	所屬國家
1	馬士基（Maersk）	丹麥
2	地中海航運（MSC）	瑞士
3	中國遠洋海運（COSCO）	中國大陸
4	達飛航運（CMA CGM）	法國
5	赫伯羅得（Hapag-Lloyd）	德國
6	海洋網聯（Ocean Network Express）	日本
7	長榮海運（Evergreen）	中華民國
8	陽明海運（Yang Ming）	中華民國
9	太平船務（PIL）	新加坡
10	現代商船（Hyundai）	大韓民國

2M Alliance：Maersk and Mediterranean Shipping Company（MSC）

Ocean Alliance：COSCO, CMA CGM and Evergreen

The Alliance：ONE, Yang Ming and Hapag-Lloyd

權宜船（Flag of Convenience, FOC）

權宜船是一種海運商業慣例，船公司或船東將其所擁有的船舶登記於其他國家的國籍，懸掛該國國旗，該註冊國籍因船舶與船員的管理檢查標準較低、船舶稅率較低，可以達到降低成本之效果；有些船

11「Review of Maritime Transport 2019」,UNCTAD, p47.

東則是避免本國依法強制徵用義務，改至他國登記船籍。世界提供外國船東登記的國家或地區，主要為如巴拿馬（Panama）、馬紹爾群島（Marshall Islands）、賴比瑞亞（Liberia）、新加坡（Singapore）、香港（Hong Kong）、巴哈馬群島（Bahamas）、馬爾他（Malta）、塞普勒斯（Cyprus）、萬那杜（Vanuatu）等。

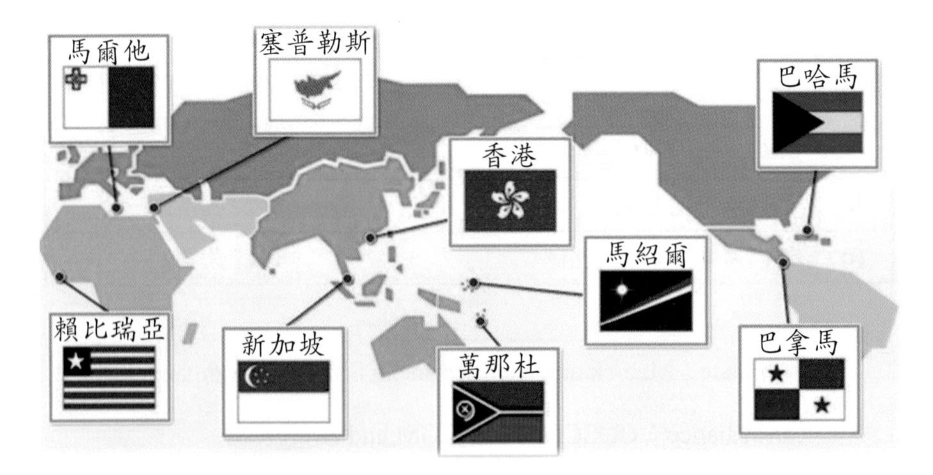

圖 6　世界主要提供權宜船籍登記國家及地區 [12]

12 Cruise Ship Registry, Flag State Control, Flag of Convenience https://www.cruisemapper.com/wiki/758-cruise-ship-registry-flags-of-convenience-flag-state-control

5.3 海運服務行業

海運運輸依據世界貿易組織（World Trade Organization, WTO）[13]的歸類爲服務業之一種。服務的定義有不同的面向及重點，是供銷售、對消費者的需求提供的活動或滿足；或是爲滿足客戶需求，在與客戶的接觸過程中，服務者提供的活動和最後結果；或是對其他組織或個人，爲其商品或服務增加價值，並以活動的形式表現的使用價值或效用。

海運服務的特性：

1. **無形性**；服務是一種績效或活動成果展現，它是由客戶主觀上的感受判斷，在海運教育、保險、法律服等，雖有一些實體文件，客戶很難完整感受服務的過程，而是最後期待與實際相較。
2. **異質性**：服務是一種由人（組織）所表現出來的一系列行爲，所提供的服務在客戶觀察中，會有不同的差異，不同的海運公司與港埠業，基於不同的經營理念與成本考量，在不同時間及區域會有差異性服務。
3. **同步性**：一般商品是先生產後再供銷售消費，海運服務基本是服務提供與消費同時進行，例如碼頭的服務無法事先產生再等待，

---

13 Maritime transport, WTO
https://www.wto.org/english/tratop_e/serv_e/transport_e/transport_maritime_e.htm

客戶與服務是同時體會服務的產生與消費，例如船舶靠岸後進行各類貨物的裝卸、理貨作業等。

4. **服務易逝性**：海運服務的單位在時間軸上是無法儲存再供銷售，碼頭船席與船上艙位、倉庫儲位，隨著時間消逝而無法再銷售，因此客戶需求的掌握及作業滿意度，影響海運業的營運。

在海運業的服務核心領域，最主要是船舶運輸，包括船舶所有人（船東）、船舶經營人、船舶運送人、無船公共運送人（Non-vessel Operating Common Carrier, NVOCC）、船舶管理人、船舶各式承運人等。

以航運業及其相關產業特點進行分類可分爲[14]：

1. **航運企業**，船舶運輸（船舶擁有、經營、管理）。
2. **港口及航運輔助業**，船舶貨運、代理、修理、船舶防污、船用品供應、船員勞務、航行服務及事故處理。
3. **航運交易、海事服務業**，保險及金融、航運諮詢、海事仲裁、航運媒體、公協會、檢驗機構、教育訓練。
4. **海運管理和規範**，保險市場、海事規定制定機構、船舶標準、航運交易所、政府。
5. **外圍衍生業**，船舶設備製造業、航港建築業、船用設備貿易業、旅遊業、海事通訊服務。

---

14 於軍，《航運服務管理》，經濟科學出版社，2014，北京。

依我國航業法第 3 條對航業相關組織定義是：

1. **航業（Shipping Industry）**：指以船舶運送、船務代理、海運承攬運送、貨櫃集散站經營等爲營業之事業。
2. **船舶運送業（Vessel Carrier）**：指以總噸位二十噸以上之動力船舶，或總噸位五十噸以上之非動力船舶從事客貨運送而受報酬爲營業之事業。
3. **船務代理業（Shipping Agency）**：指受船舶運送業或其他有權委託人之委託，在約定授權範圍內，以委託人名義代爲處理船舶客貨運送及其有關業務而受報酬爲營業之事業。
4. **海運承攬運送業（Freight Forwarder）**：指以自己之名義，爲他人之計算，使船舶運送業運送貨物而受報酬爲營業之事業。
5. **貨櫃集散站經營業（Container Terminal Operator）**：指提供貨櫃、櫃裝貨物集散之場地及設備，以貨櫃、櫃裝貨物集散而受報酬爲營業之事業。
6. **航線（Sailing Route）**：指以船舶經營客貨運送所航行之路線。
7. **國內航線（Domestic Route）**：指以船舶航行於本國港口間或特定水域內，經營客貨運送之路線。
8. **國際航線（International Route）**：指以船舶航行於本國港口與外國港口間或外國港口間，經營客貨運送之路線。
9. **固定航線（Liner Service）**：指利用船舶航行於港口間或特定水域內，具有固定航班，經營客貨運送之路線。

10.**國際聯營組織（International Joint Service Organization）**：指船舶運送業間，就其國際航線之經營，協商運費、票價、運量、租傭艙位或其他與該航線經營有關事項之國際常設組織或非常設之聯盟。

11.**國際航運協議（International shipping protocol）**：指國際聯營組織爲規範營運者間之相互關係、運送作業、收費、聯運及配貨等事項而訂立之約定。

12.**私人武裝保全人員（Privately Contracted Armed Security Personnel）**：指經營中華民國籍船舶之船舶運送業所僱用外國籍私人海事保全公司提供持有或使用槍砲、彈藥、刀械之人員。

海運經營業務可以分定期業務（Liner Service）及不定期業務（Tramp Service）兩種，不定期業務必須以簽訂傭租船合約（Charter Party）方式經營，傭租船合約可分爲傭船合約及租船合約，前者又可分爲論程傭船合約（Voyage or Trip Charter Party）及論時傭船合約（Time Charter Party）；後者稱爲空船（或光船）租船合約，或稱讓與租船合約（Bare Boat or Demise Charter Party）：

1. **論時傭船（Time Charter）**：以完成運送爲目的，船舶所有人與傭船人協議，將船艙全都包予傭船人，在特定期間，從事約定範圍內之航線及貨物運送，所簽訂之傭船合約。
2. **論程傭船（Voyage Charter）**：以完成貨物運送爲目的，船舶所有人與傭船人協議，將船艙之一部或全部，供傭船人在指定港口間，從事一次或多次特定貨物運送所簽訂之傭船合約。

3. **光船租賃（Bareboat charter）**：指承租人僅租賃船舶，而不包括船員，或包括船員，但船員由承租人付薪資並對其負責。在規定的租期或航次內，承租人有權戰時占有和使用該船舶，船東仍享有船舶所有權，並有權收取租金。

4. **無船公共運送人（Non-vessel Operating Common Carrier, NVOCC）**[15]：無船公共運送人之營運態樣，有類似我國海運承攬運送業不擁有船舶，不經營船舶，但以公開發行運價表、提單，以公共運送人之身份從事攬運貨物；以及國外不擁有船舶但租船營運，公開發行運價表、載貨證券（提單），以公共運送人之身份從事攬運貨物之二種型態。我國航業法規範之海運承攬運送業是指以自己之名義，爲他人之計算，使船舶運送業運送貨物而受報酬之事業，目前海運承攬運送業租船營運之型態在我國不被允許。

15 認識 FORWARDER，華夏國際股份有限公司。http://web.idv.nkmu.edu.tw/~hgyang/cl-forwarder.pdf

國際航運中心（International Shipping Centre）

波羅的海交易所（Baltic Exchange）與中國大陸新華社（Xinhua）曾對世界主要港口城市，在 2014～2018 年每年依據三項主要因素：港口功能、航運服務、一般環境，以及 18 項次指標進行評比，提出新加坡、倫敦、香港、漢堡、上海、杜拜、紐約、鹿特丹、東京、雅典等 10 個港口城市為國際航運中心。

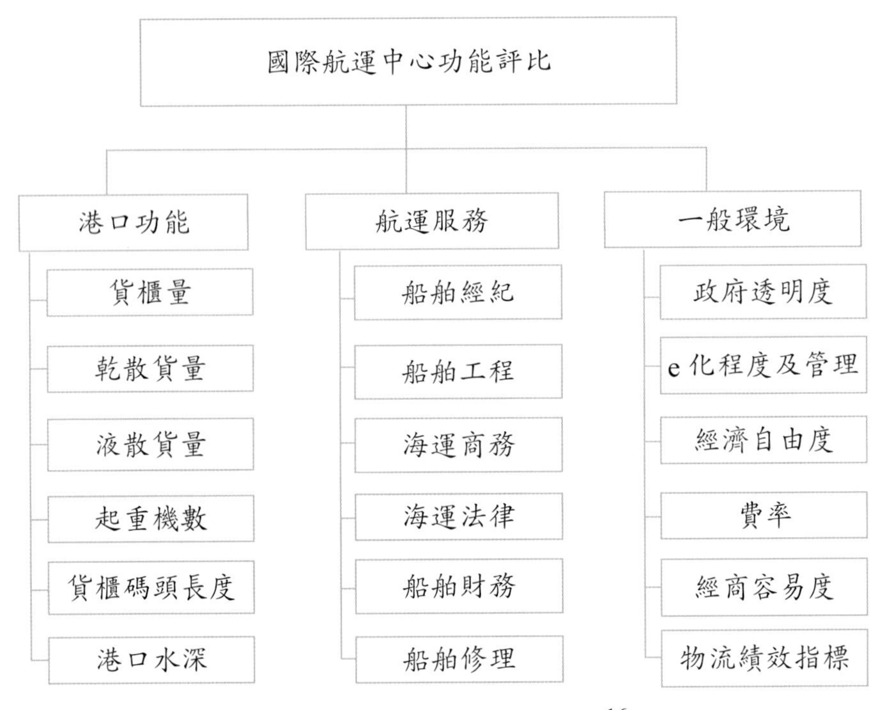

圖 7　國際航運中心評估因素[16]

16 The top 10 international shipping centers
https://safety4sea.com/the-top-10-international-shipping-centres/

延伸學習及討論

一、造船產業發展情形對一國經濟、運輸、軍事等可能影響爲何？

二、我國還有哪些中小型造船企業，試討論其發展特色。

三、定期貨櫃輪公司近年合併重組，試討論其發生原因及影響。

四、我國國籍船公司擁有船舶登記爲外國權宜船，其原因爲何？

五、船舶建造及維修有哪些相關產業，其業務爲何？

六、試討論航運服務產業有哪些行業及服務項目。

七、發展臺灣商港爲國際海運轉運中心，有哪些可改善因素？

第六章 綠色航運

地球上的海洋面積約占地球表面積的 71%，海洋中有許多陸地沒有的動植物及礦藏，海洋還是地球表面最大儲熱體，是決定氣候的主要因素之一。現在地球環境惡化也跟能源過度開採與使用排放有關，保護海洋與節能減排，不僅是對大自然負責，也是對人類自身安全負責，海運業對船舶的各項環保作爲也成爲國際上的關注焦點。

6.1 海洋環保規定

依 1982 年聯合國海洋法公約（United Nations Convention on the Law of the Sea, UNCLOS）第一條的定義[1]，海洋環境的污染是指：「人類直接或間接把物質或能量引入海洋環境，其中包括河口灣，以致造成或可能造成損害生物資源和海洋生物、危害人類健康、妨礙包括捕魚和海洋的其他正當用途在內的各種海洋活動、損壞海水使用質量和減損環境優美等有害影響」。

---

1 聯合國海洋法公約，植根法律網 http://www.rootlaw.com.tw/LawArticle.aspx?LawID=A040050070011500-0711210

海洋污染源來自何處[2]，依臺灣環境資訊協會說明劃定經濟海域之海水遭受污染物侵害有下列方面：

1. 來自陸上的污染：陸地上人類生活之廢棄物，農業、工業生產過程中所排放之廢料，經由溝渠、河川注入海洋。
2. 來自船舶的污染：海上運輸工具，所載運之油料洩漏，或污水傾倒注入海洋者；核能動力船舶，或載運核能廢料之船舶，輻射物質外洩進入海洋者。
3. 來自傾倒廢棄物的污染：人類將工業的污染廢棄物，或其他污染性物質，經由運輸工具運至海洋中傾倒而形成。
4. 來自大氣的污染：從事核爆試驗所產生之輻射塵，透過大氣進入海洋而造成污染。
5. 來自海床探勘與開採的污染：從事大陸礁層或海床之探測及開採時，因處置不當、設備不周、意外致使油、天然氣、泥漿外洩，或進行採礦時，產生大量微粒物質、泥漿，都會造成海洋污染。

國內海洋污染防治規定

爲強化海洋污染防治，我國於 89 年 11 月 1 日制定公布實施的海洋污染防治法第 1 條：「爲防治海洋污染，保護海洋環境，維護海洋生態，確保國民健康及永續利用海洋資源，特制定本法。本法未規定

---

2 海洋污染的危機，臺灣環境資訊協會環境資訊中心
https://e-info.org.tw/issue/environ/waterp/2001/waterp01061201.htm

者，適用其他法律之規定。」海洋污染防治法第 2 條：「本法適用於中華民國管轄之潮間帶、內水、領海、鄰接區、專屬經濟海域及大陸礁層上覆水域。於前項所定範圍外海域排放有害物質，致造成前項範圍內污染者，亦適用本法之規定。」

同法第 4 條：「本法所稱主管機關：在中央爲行政院環境保護署；在直轄市爲直轄市政府；在縣（（市）爲縣（市）政府。」；第 5 條：「依本法執行取締、蒐證、移送等事項，由海岸巡防機關辦理。」

另第 7 條：「各級主管機關及執行機關得指定或委託相關機關、機構或團體，辦理海洋污染防治、海洋污染監測、海洋污染處理、海洋環境保護及其研究訓練之有關事項。」

第 11 條：「各類港口管理機關應依本法及其他相關規定採取措施，以防止、排除或減輕所轄港區之污染。各類港口目的事業主管機關，應輔導所轄港區之污染改善。」

船舶作爲航行於海洋的運輸工具，對海洋環境的污染不可忽視，隨著造船及航海技術的迅速發展，海洋上各類船舶愈來愈多，噸位愈來愈大，對海洋的威脅也隨之增加，而且船舶對環境的污染有流動性強、擴散性大、持續時間久的特性。

國際海洋污染防治規定

爲促進航運企業和在航船舶對海洋環境的保護，聯合國國際海事組織於 1973 年 10 月在英國倫敦召開國際海洋污染會議，通過「防止船舶污染國際公約」（International Convention for the Prevention of Pollution from Ships, 1973 MARPOL），後於 1978 年 2 月於倫敦的國際海事組織大會對此公約進行修正，形成 1978 防治污染議定書，同時決定 1973 公約與 1978 議定書於 1983 年 10 月 2 日生效，簡稱 MARPOL 73/78 公約。隨著該公約的生效及港口國管制（Port State Control, PSC）檢查的嚴格實施，各航運國開始注意提高船舶防污能力，造船業和航運業均進行船舶設備防污研究，以減少航運對環境的影響。

歐洲國家於 1982 年，在法國巴黎協商簽定巴黎諒解備忘錄（巴黎備忘錄）以建立「港口國管制」制度。是在本國港口對外國船舶的安全監督和檢查的機構。船舶檢查是由港口國管制審查官員核實各項安全檢查。目的是在測試船舶上的船長和其船員的能力，船舶狀況與及上面各項設備的工作狀況是否遵照或符合「海上人命安全國際公約」（SOLAS）、「防止船舶污染國際公約」MARPOL、「船員訓練、發證及當值標準國際公約」（STCW）等的要求，並且測試船上人員是否訓練至國際海洋法的合格標準。

船舶對海洋的重要污染源，例如意外事故的油輪載運原油洩漏，由於油輪載運的貨物爲原油或煉製成品，在海上發生碰撞、擱淺、傾覆、沉沒等海難事件，就有可能造成船上裝載的原油或煉製成品洩漏到事故海域，造此一海域嚴重污染，影響海洋生態環境，期間可能長達十數年之久。

爲對應油輪洩漏對海洋環境造成的污染，國際海事組織採取應對措施：限制油輪使用年限、淘汰老舊的單層殼油輪，以雙層船體油輪取代，在船上配置先進通訊導航設備，以便及時獲取影響航行安全的航海資訊，對油輪船員進行特別教育訓練要求。

其他如船舶排放艙底污水，聚集於機艙的底部污水通常含有大量機器或管線洩漏的油污、船上壓艙水（Ballast Water）可能攜帶病菌或動植物，MARPOL 公約對此提出處理規定才能排放入海，例如裝設油水分離器對艙底污水進行處理。船員及乘客的生活污水及廢棄物、壓艙水，公約也規定各締約國在港口設置船舶生活污水及廢棄物收受處理設施，或於船上設置處理設施在符合標準處理及檢查後，才能依公約規定排放入海或公海上進行壓艙水交換。

港口國管制（Port State Control, PSC）[3]

港口國管制是港口國政府經由公法上對船舶形式適航性及實質船舶適航性進行行政管制程序，以維護航行安全，期以減少次級船舶（Sub-standard Ship），保護海洋環境之目標，並可補強實現私法上船舶實質適航性。實施方式主要透過區域合作簽署公約（MOU）模式，除可由港口國政府在其商港所在，以查驗外國籍船舶的船舶文書是否符合國際公約規定（形式適航性），並可登輪查核是否配置適任之人員，以及其設備操作是否符合相關規定（實質適航性）。

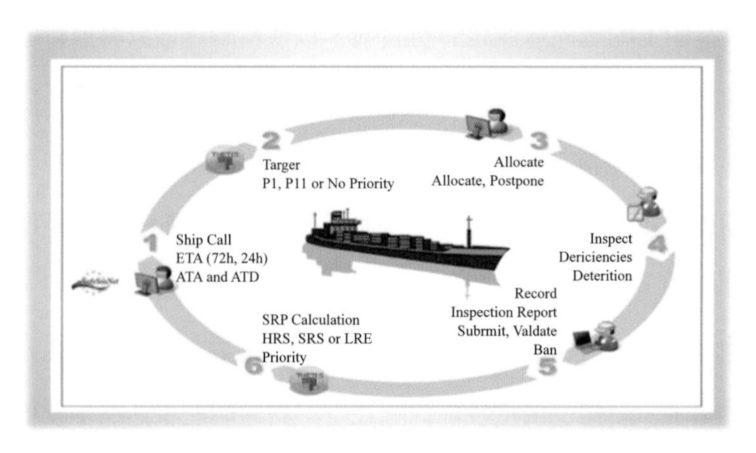

圖 8　港口國管制基本程序 [4]

3 Port State Control, IMO
http://www.imo.org/en/OurWork/MSAS/Pages/PortStateControl.aspx

4 Regional MOU on Port State Control
https://www.slideshare.net/PhilippaReid/regional-mou-on-port-state-control

6.2 綠色船舶觀念

近年歐美造船及航運界提出綠色航運的概念，是指綠色管理、綠色港口、綠色航程及綠色船舶等概念的結合[5]。航運先進國家從投資綠色船隊，運用新科技獲得船舶管理的成本效益最大化；運用行銷策略打造品牌信譽，爭取差異化市場避免業界運費競爭；船舶材料的拆解循環使用，遵守法規創造循環經濟（Circular Economy）。

1. **綠色管理**：是以建立綜合指標開始，建立科學化、制度化，可以量化評估績效的管理體系，確保綠色航運的有效推動。
2. **綠色港口**：是維護空氣清淨與水質品質、注重生態環境保護、關心社區參與、可持續性發展，港口透過改變成長方式、改變生產作業方式、改變環境管理方式，打造節能環保港口。
3. **綠色航程**：是規劃、執行及結果，在每次的航程都建立綠色環保的觀念，運用技術及管理方法，使船舶對海洋的環境污染達到最小。
4. **綠色船舶**：綠色船舶是綠色航運的載體，是對船舶所有廢氣、污水及廢棄物的排放都要經過一定的設備處理，符合國際公約和國內法規排放標準的船舶。

---

5 任威、李景芝，《船舶與航運文化》，人民交通出版社，2009，北京。

綠色航運（Green Shipping）的定義[6]，如沿用碳足跡（Carbon foot-prints）的觀念，就是在船舶的生命週期內，從造船開始，包含船型、設備、系統的選擇和規劃就要考慮節能與環保設計。更重要的是一艘船的使用壽命長達二、三十年，因此在船舶的營運上，需要考慮綠色經營策略以達到節能、減碳。其中就包含了貨物運輸的航線及裝卸貨規劃、航路的氣象修正等的規劃和安排，以管理的方式來實現船舶營運的綠色管理。

最後，即便是船舶報廢（拆船解體），也需要考慮低耗能的施作，零件、物料回收再利用，以及控管在拆船階段所造成的污染等。綜合言之，航運除了要考慮營運效率和經濟利益之外，航運的整體執行面應該要納入環保的考量，以減少航運對海洋環境的衝擊，才可稱為綠色航運。

綠色船舶與綠色航運為一整體概念，綠色船舶的理念從新船的設計與建造、營運船舶的航行彎靠和作業、舊船的改造和設備更新，到船舶的報廢與拆解的各階段，確保所有設計、安裝、試驗和操作，人員管理和控

制都不會造成對海洋及大氣的污染，不單控制過程也要考核最後結

6 黃道祥，綠色航運，科技大觀園。
https://scitechvista.nat.gov.tw/c/sWe7.htm

果，而全力推動節能、減排管理方法與發展技術是目前可行方式。

我國台灣國際造船股份有限公司（CSBC）在綠色船舶[7]的研發理念及成果如下：

綠色船舶（ECO SHIP, Green Ship）

ECO 是國際海事組織（IMO）正在推展的重要理念，其意義包含了以下重要議題，全球的海事產業都應該予以重視。

1. **生態系統的 Ecosystem**
2. **社會生態的 Ecology**
3. **節約資源的 Economy**
4. **經濟發展的 Economics**

台船公司本於「Eco we do」的理念，在發展造船的同時也把節約資源、追求生態永續列爲重要的願景。台船已於民國 101 年 3 月正式成立節能小組，主要工作項目如下：

1. 流力節能設計（包括線形、舵、螺槳、節能裝置等）。
2. 船舶重量減重（包括船殼與艤品）。
3. 機電系統節能（包括系統節能設計、省油主機、LNG 船系統設計、廢熱回收系統、變頻系統、LED 等）。
4. 協助船東提升現成船營運性能（包括節能裝置加改裝、Weather

7　林福堂，「綠色船舶」，2014 年港口綠色發展研討會，高雄。https://www.twport.com.tw/Upload/A/RelFile/CustomPage/2320/24617fbe-147a-45d9-aa98-a67139be5ff9.pdf

Routine、最佳船舶航行俯仰姿勢等）。

5. 其他節能技術咨詢與服務。

台船的船舶環保設計項目

船體無使用石綿等有害物質材料、船體使用無鋅環保油漆、燃油艙保護設計、使用環保冷媒、AMP 岸電系統設計、低溫室氣體排放（Nox, Sox, CO_2），焚化爐設計、低噪音設計、環保潤滑油、LNG 雙燃料引擎、低硫燃料油系統、壓艙水及生活廢污水處理。

台船的節能研發步調

1. **ES10（民國 95～97 年）**：(1) 船舶線形精進節省馬力 5%，(2) 推進與節能裝置節省馬力 5%。
2. **ES20（民國 97～100 年）**：(1) 改善推進 2%，(2) 減阻 8%，(3) 箭艏 2%，(4) 舵翼 & New Kappel/CLT Propeller。
3. **ES30（民國 100～102 年）**：(1) 再生能源利用太陽能、風能、波浪，(2) 減重：大型鑄件、艤品，(3) 能源回收：柴油機廢熱，(4) 系統改善：電力系統、液壓系統、冷卻水系統。
4. **SODO**：結合實海域影響與營運資訊，開發最適化船型，並依據航行現況，發展最適航行模式與操作技術，以符合實海域要求。

近年各國際組織為促進綠色航運的發展，保持船舶運送人、託運人及港埠業的合作三贏局面，例如國際港灣協會（The International Association of Ports and Harbors, IAPH）在 2008 年 11 月的港口氣候倡議（Ports Climate Initiative, WPCI）會議中提出一項「環境船舶指數」（Environmental Ship Index, ESI）的評估方式，鼓勵各國對於合乎 IMO 規定的環保船舶提出獎勵方案，以擴大綠色船舶的使用誘因，減少初期新造船及整修舊船的設備投資。

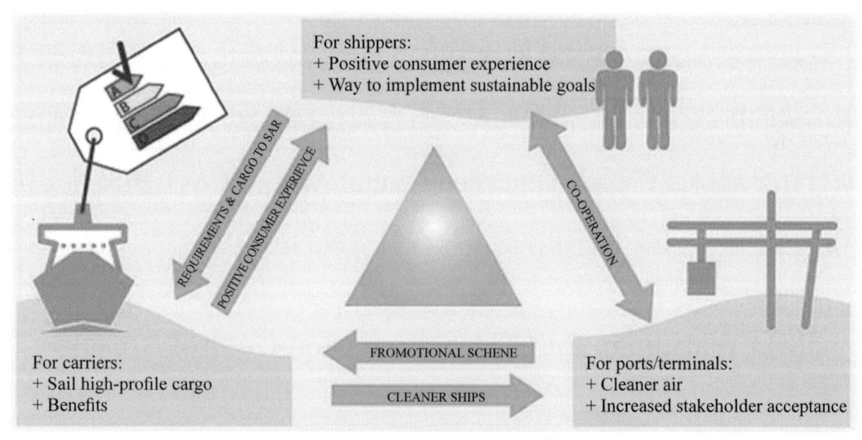

圖 9　環境船舶指數[8]

海洋環境保護委員會（Marine Environment Protection Committee, MEPC）[9]

海洋環境保護委員會是聯合國國際海事組織（IMO）下的一個委

8 Environmental Ship Index ESI, WPSP
https://www.environmentalshipindex.org/Public/Home

9 Marine Environment Protection Committee, IMO
http://www.imo.org/en/MediaCentre/MeetingSummaries/MEPC/Pages/Default.aspx

員會，負責海洋環境保護的議題，特別是「防止船舶污染國際公約」（MARPOL）的執行與修正，對於散裝船的原油、化學品貨物，船舶的垃圾、污水及放射物等管制，包括空氣污染、溫室氣體效應的因應，其他負責範圍包括船舶壓艙水管理、船舶回收、有毒物質污染控制、污染防治，以及與海洋有密切關係議題的定義。

近年來 MEPC 爲因應地球因溫室效應導致暖化，加強對船舶空氣污染的排放管制，特別是船舶燃料含硫化物成分的管制，對在船舶航行在全球排放控制區（Emission Control Areas, ECAs）與區外之使用燃料標準，以減少船舶在海上航行對空氣的污染排放。

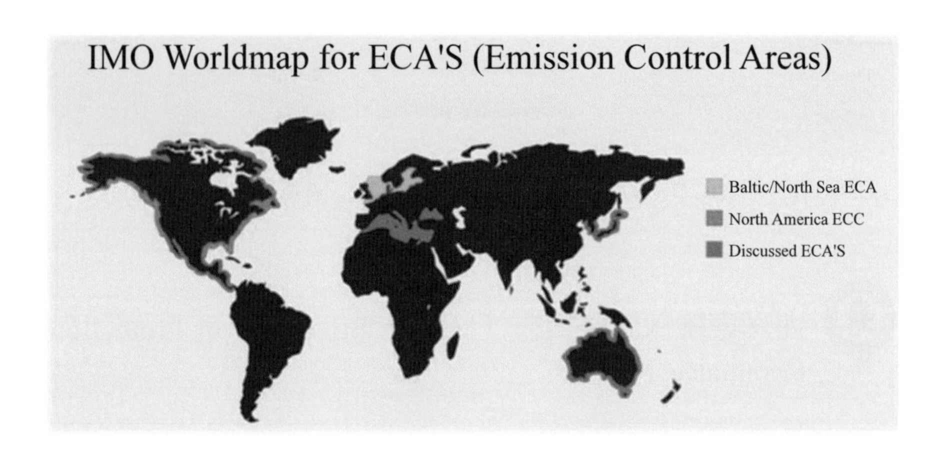

6.3 環保船舶趨勢

航運界爲了確保海洋環境的保護，無法再走回頭路，造船業及管理層級運用最新的科技以減少船舶對全球海洋環境的污染，新造綠色船舶在設計時也須注意國際公約及規定，並留下碳足跡供驗證。正發展應用的新技術[10]：

綠色船舶新技術

1. **無壓艙水系統（No Ballast System）**：壓艙水管制是 IMO 爲管制在船舶在經過一國之領海內時，船上所載之壓艙水與當地海水進行洩放入海或進行交換的情況，有可將外來物種或病菌隨同船上壓艙水排放至當地海域造成傷害，業界已開始進行無壓艙水系統的船舶船型設計，以減少傳統船舶使用壓艙水維持穩定度，受到壓艙水排放區域及方式的國際管制。
2. **液化天然氣爲推進動力（LNG Fuel for Propulsion）**：航運業認爲 LNG 將成爲未來船舶主要的使用燃料，使用 LNG 爲船舶動力可減少空氣污染並將降低引擎動力的石化燃料消耗
3. **液化天然氣爲輔助動力（LNG Fuel for Auxiliary engine）**：輔助引擎爲船上主要動力來源之一，主要是供船舶靠岸時維持船上的基本作動力，使用 LNG 爲燃料動力可大幅減少引擎在港口的空氣污染。

---

10 14 Technologies to Make the Ultimate Green Ship
https://www.marineinsight.com/green-shipping/13-technologies-to-make-the-ultimate-green-ship/

4. **脫硫洗滌器（Sulphur Scrubber System）**：傳統船舶未來無可避免逐漸要避免使用原燃料以減少含硫或氧化硫（Sox）的排放，船舶引擎經安裝洗滌器後可清洗 98 % 氧化硫，實務上是較無害。
5. **先進的船舵及螺旋槳系統（Advanced Rudder and Propeller System）**：設計良好的船舵及螺旋槳系統約可節省 4 % 的燃料及空氣污染物排放，新型的設計尚可提高船舶的航行速度。
6. **變速噴嘴（Speed Nozzle）**：通常使用在小型補給船與拖船上，新設計的特點是它可節省船舶動力提高推進力達 5 %。
7. **船殼油漆（Hull Paint）**：增加船上的燃料消耗及污染排放物，有一部分是在船身的螺旋槳部位，改善船殼部分的油漆區域可減少航行阻力，約可節省船舶 3～8% 的燃料。
8. **熱廢氣回收系統（Waste Heat Recovery System）**：現在已普遍的使用，但如再提高效率可明顯減少燃料約 14% 的消耗，熱廢氣的再運用可使用在貨物的保溫、船艙暖氣及動力來源。
9. **廢氣再循環（Exhaust Gas Recirculation）**：在這個系統的 NOx 排放是將從引擎汽缸中產生，透過再循環是用減少燃燒室空氣的溫度。
10. **混水燃料（Water in Fuel）**：在燃料送進燃燒室前加進適度的水，可減少汽缸的溫度，使氧化氮排放減少可達 30～35%。
11. **改善唧筒與冷卻水系統（Improved Pump and Cooling Water System）**：將冷卻水系統的管線最佳化，減少流動的阻力，可節省 20% 船上電力及 1.5% 燃料耗用。

12.**帆及風箏推進系統（Sail and Kite Propulsion System）**：此系統可使用在傳統的推進系統輔助使用，可減少燃料中氧化氮（NOx）、氧化硫（SOx）和二氧化碳（CO_2）排放。

13.**燃油及太陽能動力（（Fuel and Solar Cell Propulsion）**：運用燃油動力及太陽能電池爲推力，大規模成組的太陽能動力電池運用，可改善溫室氣體（GHG）效果最大。

14.**複合材料（Sandwich Plate System, SPS）**：將兩種材料結合成一體成形可增加彈性，使鋼鐵結構有較輕重量減少腐蝕性，這項技術在綠色船舶的使用循環中扮演重要角色，可減少船舶使用壽命中的保養工作。

綠色船舶的未來發展

依據歐洲的經濟合作暨發展組織（The Organization for Economic Co-operation and Development, OECD），丹麥對綠色船舶的未來發展[11]研究說明：綠色船舶的研發是因應環境友善及氣候變遷條件，使用新能源與技術，增加能源使用效率及降低營運成本。

---

11 Green Ship of the Future, OECD
http://www.oecd.org/sti/ind/48365833.pdf

該研究提出船舶綠色科技研發應用方向：

1. **船用引擎（ Engines）**：使引擎的使用效率達到最佳化，以降低污染物的排放，自動調整或低速引擎系統來取代人工控制。
2. **船舶燃料（Fuel）**：爲減少硫、氮、二氧化碳等化合物排放污染，液化天然氣（Liquid Nature Gas, LNG）爲可爲替代石化燃料，可大幅減少對空氣污染。
3. **引擎廢氣（Waster Heat）**：船舶燃料爲最大營運成本，改善引擎的熱廢氣回收爲電力使用，可節省發電燃料及有害化合物排放。
4. **洗滌器（Scrubber Systems）**：船上裝置硫化物洗滌器，可減少空氣中硫化物排放，不僅符合國際規定也減少對環境影響。
5. **廢氣再循環系統（Exhaust Gas Recirculation）**：對低速或二行程引擎（Two-Stroke Engines）可減少氮化物的排放，可符合 IMO 在 2016 年公布的規定。
6. **優化調整（Trim Optimization）**：爲減少船體對水的阻力及燃料消耗，機器計算船艏及水深的函數關係，自動調整船舶航行時的平穩度。
7. **冷卻系統（Colling Systems）**：是船上最大能源消耗系統之一，運用發展決策套裝軟體協助唧筒（Pumps）運作，可自動化調整或定期運作。
8. **營運（Operations）**：業者爲降低成本及減少污染排放物，需要輔助軟體來計算航程、航速及船體阻力，有效的工具是必要的。

9. **渦輪增壓器（Turbochargers）**：可節省引擎對燃料的消耗及污染排放物，使船舶在低速下仍符合 IMO 的規定。

10. **無毒油漆（Biocide-free Paint）**：對於船體的維修採用化學油漆對環境造成污染及二氧化碳排放，採用天然材料製成油漆可減少有毒物質對海洋的危害，減少船體的阻力和節省燃料。

DNV GL 的 25 種主要船舶減排方式[12]

根據 IMO 於 2009 年的研究報告數據，二氧化碳是海運溫室氣體效應中的主要成分，占整個海運溫室氣體排放的 96%，影響海運溫室氣體排放量大小的主要因素，是一定時期內海運運輸需求量，以及相應的船舶能源利用效率。

挪威驗船協會（DNV GL）曾作過一項研究，船舶在減少空氣污染的方向爲：尋找替代能源、減少船舶燃油消耗的營運措施、減少主機燃油消耗的技術措施、減少輔機燃油消耗的技術措施。

---

12 顧傳紅，《國際海運溫室氣體減排研究》，上海浦江教育出版社，2013，上海。

表 9　挪威驗船協會的 25 種船舶主要減排方式

替代能源種類			
措施	適用於	措施	適用於
燃油 - 氣混合發動機	新船	風力：風箏	所有船舶
風力發電機	所有船舶	風力：固定帆或翼	所有船舶
太陽能電池板	所有船舶		
減少燃油消耗的營運措施			
措施	適用於	措施	適用於
調節吃水差／吃水	所有船舶	監控發動機	所有船舶
氣象導航	所有船舶	減速（提高港口效率）	所有船舶
航程執行	所有船舶	（提高推進器效率）	所有船舶
蒸氣設備操作改善	所有船舶		
減少主機燃油消耗的技術措施			
措施	適用於	措施	適用於
發動機電子控制	新船	船體空氣潤滑	新船
廢熱回收	新船	對轉螺旋降槳	新船
減速（擴大船隊）	所有船舶	提高動力效率裝置	所有船舶
船體狀況	所有船舶	總體改善	新船
減少輔機燃油消耗的技術措施			
措施	適用於	措施	適用於
岸電	所有船舶	降低輔機功率	現有船
燃料電池輔機	新船	輔機廢氣鍋爐	新船
頻率轉換	新船	照明節能系統	新船

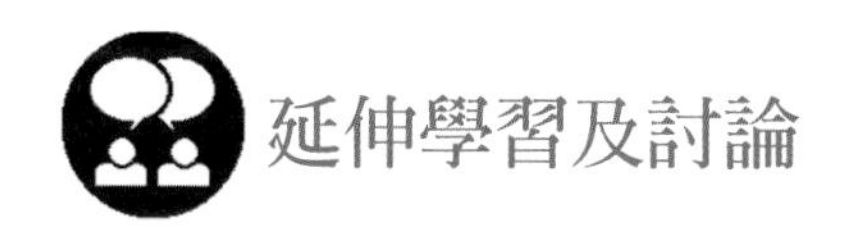

延伸學習及討論

一、試討論國際公約對船舶污染防治規定有哪些。

二、我國非聯合國及國際海事組織會員，其所規定國際公約作爲如何遵守並獲國際認可。

三、綠色船舶的發展，其技術與管理對海事教育內容有何影響？

四、港口國管制在我國主管機關爲何？試說明其主要工作項目。

五、試討論船舶壓艙水管理在臺灣海域及港口實施的作法及限制。

六、船舶功能設計在節能減排有哪些發展方向及規範？

七、試討論港口配合船舶環保作業要求的方向及內容。

第七章 船舶貨運

貨船運送的主體是貨物，透過海運的貨物有各種不同的種類，其規格、包裝、特性、裝運方式及要求各不相同，特別是海運貨物運送安全涉及貨物與船舶的計費與交接文件，對於海運貨物進行過程重點的說明，可方便了解各類貨物的共通基礎知識。

7.1 海運貨物知識

依航運業的慣例，除貴重或高價值貨物以外的普通貨物，其基本運費按貨物的毛重或體積計算運費，在計算時將貨物分為：

1. **計重貨物（Weight Cargo）**：這類貨物依毛重為運費計算單位（重量噸用「W」表示），如鋼材、水泥及礦砂等。
2. **容積貨物（Measurement Cargo）**：按貨物的體積作為運費計算單位（體積噸用「M」表示），如棉花、遊艇、機器設備等。

在計算貨物的運費時，對貨物的計費重量噸及計費容積噸統稱為運費計費噸，以兩者之最大數為計費依據，而在貨物的裝運、交接時仍以貨物的件數或毛重為依據。

按重量交接的貨物在運輸過程中因本身的性質及自然、運輸條件，而造成貨物不可避免一定的減損，稱爲貨物的自然損耗（Natural Decrease），貨物自然損耗量占該貨物裝載前重量的百分比稱爲自然損耗率，一般在運輸合約中對自然損耗率大小，會依貨物性質、裝卸方式／次數、氣候條件、運輸時間長短因素規定損耗限度。

在我國海商法中另有共同海損（General Average）規定，是指船舶爲了使船舶或船上貨物避免共同危險，而有意、合理地作出特殊犧牲或支付的殊費用。共同海損損失應由船、貨（包括不同貨主）各方共同負擔，所採取的共同海損措施稱共同海損行爲。

第 110 條

共同海損者，謂在船舶航程期間，爲求共同危險中全體財產之安全所爲故意及合理處分，而直接造成之犧牲及發生之費用。

第 111 條

同海損以各被保存財產價値與共同海損總額之比例，由各利害關係人分擔之。因共同海損行爲所犧牲而獲共同海損補償之財產，亦應參與分擔。

海運貨物涉及管理所有權的移轉，雙方以提單轉移爲貨物交接憑據。海運**提單**是承運人或其代理人應託運人的要求所簽發的貨物收據（Receipt of Goods），在將貨物收歸其看管後簽發，證明已收到**提單**上所列明的貨物；也是承運人所簽署的運輸契約的證明，提單同時也是一種物權憑證。我國在海商法、船舶貨運業管理規則及船務代理業管理規則有相關載貨證券（準用民法提單）的規定。

海商法（中華民國98年7月8日總統華總一義字第09800166571號令修正公布第16、153條條文；並自98年11月23日施行）

第53條

運送人或船長於貨物裝載後，因託運人之請求，應發給載貨證券。

第54條

載貨證券（Bill of Lading），應載明下列各款事項，由運送人或船長簽名：

一、船舶名稱。

二、託運人之姓名或名稱。

三、依照託運人書面通知之貨物名稱、件數或重量，或其包裝之種類、個數及標誌。

四、裝載港及卸貨港。

五、運費交付。

六、載貨證券之份數。

七、填發之年月日。

前項第三款之通知事項，如與所收貨物之實際情況有顯著跡象，疑其不相符合，或無法核對時，運送人或船長得在載貨證券內載明其事由或不予載明。

載貨證券依第一項第三款爲記載者，推定運送人依其記載爲運送。

第 60 條

民法第 627 條至第 630 條關於提單之規定，於載貨證券準用之。

以船舶之全部或一部供運送爲目的之運送契約另行簽發載貨證券者，運送人與託運人以外載貨證券持有人間之關係，依載貨證券之記載。

航業法（中華民國 70 年 6 月 3 日總統令制定公布全文 70 條）

第 20 條

船舶運送業簽發載貨證券或客票，應先將載貨證券或客票之樣本報請航政機關備查後，始得爲之；變更時，亦同。

第 21 條

船舶運送業因託運人之請求簽發裝船載貨證券，應於貨物裝船後爲之，不得於載貨證券上虛列裝船日期。

船舶運送業管理規則（中華民國 108 年 12 月 24 日交通部交航字第 10800371021 號令修正發布第 9、12、14、19 條條文及第 8～10 條條文之附件八）

第 15 條

船舶運送業與其他船舶運送業合作營運，應檢具合作營運契約書或當事人聯銜之證明文件及船舶國籍證書，報請航政機關登記後，始得攬貨並簽發載明合作營運船舶名稱之載貨證券。

船務代理業管理規則（中華民國103年7月30日交通部交航字第10350092731號令修正發布全文29條；並自發布日施行）

第18條

船務代理業經營業務如下：

一、簽發客票或載貨證券，並得代收票款或運費。

二、簽訂租船契約，並得代收租金。

三、攬載客貨。

四、辦理各項航政、商港手續。

五、照料船舶、船員、旅客或貨物，並辦理船舶檢修事項。

六、協助處理貨物理賠及受託有關法律或仲裁事項。

七、辦理船舶建造、買賣、租傭、交船、接船及協助處理各種海事案件。

八、處理其他經主管機關核定之有關委託船務代理事項。

船務代理業所經營之代理業務，應以委託人名義爲之，並以約定之範圍爲限。

第20條

船務代理業受委託人委託簽發載貨證券，如貨物運送非由同一船舶直接運往目的港者，應於載貨證券上註明轉口港。但經託運人同意者，不在此限。

海運提單（Bill of Lading, B／L）

「海運提單」[1]是貨物的承運人或其代理人收到貨物後，簽發給託運人的一種證件。提單說明了貨物運輸有關當事人，如承運人、託運人和收貨人之間的權利與義務。提單的合法持有人就是貨物的主人，因此提單是各項貨運單據中最重要的單據。

表 10　海運提單內容[2]

項目	內容
全名與收貨地址（Names and addresses）	運送人與收貨人（貨主）須容易辨識及易於在文件登錄。.
採購單或特別可供辨識貨物的號碼（Purchase orders or special reference numbers）	這些貨物號碼可供貨物在裝載貨或卸貨運輸時可供辨識。

1　海運提單共識，Common Sense of Ocean - Bill of Lading
http://www.mantraco.com.tw/education/education054.htm

2　What is bill of lading?
https://www.freightquote.com/how-to-ship-freight/bill-of-lading/

項目	內容
特別事項（Special instructions）	對運送人標示特別通知的事項，如不需其他額外的通知。
日期（Date）	裝運日期。
貨物說明（Description of items）	託運人註明運送單位、體積及單位，同樣包括貨物材質及製造成分。
包裝方式（Packaging type）	註明貨物運送時使用紙箱、板條箱、棧板或圓桶。
貨物類別（NMFC freight class）	貨物的類別涉及運輸成本，與體積、重量、密度；儲存能量及裝卸方式、價值及責任等。
法定危險物品名稱（Department of Transportation hazardous material designation）	危險物品運送時要求註明引用的法規規定，以便接收貨物運送時辨別。

7.2 船舶載貨能力

船舶運送人在接受貨物委託後，首先要完成貨物的配載（Pre-stowage）程序，所謂的貨物配載是指由船公司或承租人根據貨物託運計畫爲所船舶分配航次貨載。貨物託運計畫是指船公司或承租人在某段期間收到貨物託運申請資料的整合規劃作業。

對於雜貨輪而言，經過船舶配載，船公司或承租人確定所屬哪艘船、承載哪些貨，以及靠港順序，將這些結果以裝貨清單的形式下達給所屬船上人員。

在裝貨前由大副或船公司指派之人員，根據出口艙單或小艙單（Cargo List）預為計畫貨物裝載艙位，擬定積載圖（Stowage Plan），裝貨時即按照計畫裝貨，如實際裝載情況有出入，則於實際裝載完成後另作實際積載圖，以便卸貨時能清楚辨別貨物所在位置。

編製船舶配載與積載時有不同方法和步驟，但應滿足下列基本要求：

1. 充分運用船舶的載貨能力。
2. 保證船舶具有適當的穩性。
3. 保證船舶具有適當吃水差（Trim）。
4. 保證滿足船舶的強度條件。
5. 保證託運貨物的運輸品質。
6. 滿足貨物的裝卸順序要求。
7. 方便裝卸縮短在港口時間。

船舶的載貨能力是指在其航次中，船舶所能承運貨物的最大限額，它與航次中船舶吃水是否受到航線水深限制、船舶的載貨條件，以及所運送貨物的重量、體積與載運要求等因素有關，一般將船舶載貨能力由下列三種能力組成：

1. **載貨重量能力**：又稱船舶重量性能，指船舶在其航次中所能容納貨物體積的最大限制。透過船舶總重組成的各項排水量（Displacement）計算，以淨載重量（Net Dead-Weight, NDW）作爲衡量船舶載重能力的標準。

2. **載貨容量能力**：又稱船舶容量性能，指船舶在其航次中所能容納貨物體積的最大限制。在船舶配貨物積載時，船舶對非貨櫃船是採用貨艙艙容積和上甲板載貨容積（載甲板貨）來衡量，對於貨櫃船則採用裝櫃容量來衡量。在表達船舶規模，進行船舶登記、檢查及丈量、計算港口稅費等，則用船舶總噸位（Gross Tonnage, GT）和淨噸位（Net Tonnage, NT）爲標準[3]。
3. **其他載貨能力**：船舶所能承運特殊貨物數量（重量和體積）的最大限制。除重量和體積外，不同貨物具有對船舶運輸的各種要求，如冷藏貨物需要船艙具有保溫和製冷等設備，因此船舶的冷藏艙容積、艙內監控及製冷、通風等設備，可以衡量承運冷藏貨物的能力。船舶承運重大件貨物的能力，可以用船艙口及船艙內尺寸、甲板強度及船上配備繫固定狀況、起重設備安全標準等來衡量。

另外船舶吃水（Draft），如果水密度已知，通過量測船舶的吃水高度，可以確定船舶的排水量，進而計算出相對應載重量。同樣地，在港口水深有限制的情況下，也可以推算出船舶的最大載重量。

3　船的噸位，台灣國際造船股份有限公司
http://www.csbcnet.com.tw/About/Learn/TonnageOfShip.htm

表 11 船舶登記資料噸位種類

噸位（Tonnage）	說明
總噸位（Gross Tonnage）	係指根據國際船舶噸位丈量公約或規範的有關規定，丈量確定的船舶所有圍蔽處所的總容積，並按一定的公式可算出船舶的總噸位。作爲船隊規模統計、船舶登記丈量收費及國際公約船舶設備管理依據。
淨噸位（Net Tonnage）	係指船舶能用來裝載客貨之容積，即在總噸位內減除不能直接用來裝載客貨部分，例如駕駛臺、船員住艙、機艙等，爲計算各種港灣費用及噸稅的計費單位標準。
運河噸位（Canal Tonnage）	經運河管理局丈量確定的船舶登記噸位，蘇伊士運河噸位（Suze Canal Tonnage）及巴拿馬運河噸位（Panama Canal Tonnage），運河噸位亦分爲總噸位與淨噸位，運河淨噸位爲對通過該運河區船舶的運河通航費計費單位標準。

VLCC（Very Large Crude Carriers）
ULCC（Ultra Large Crude Carriers）

大型油輪（Very Large Crude Carriers, VLCC）和超大型油輪（Ultra Large Crude Carriers, ULCC），這兩種船舶型態是目前世界上最大的營運貨船，其載重量可超過 250,000 噸（Dead Weight Tonnage, DWT），這些巨型船舶可在單一航次運送大量原油。

VLCC 的船舶規格在 180,000～320,000 DWT，能夠通過埃及的蘇伊士運河，並廣泛使用在北海、地中海及西非之間的區域。VLCC 的船舶長度可達 470 m（1,540 ft），船舶寬度可達 60 m（200 ft），以及吃水深達 20 m（66 ft）。不過標準船型大約是船長在 300 至 330 公尺，船寬 58 公尺和深度 31 公尺。但也受到所航行港口的碼頭及航道條件限制。

ULCC 是世界最巨大的船舶，其船舶規格位於 320,000 至 500,000 DWT，由於它有超巨大的尺寸，只能靠泊在專有的客製化碼頭，因此只有少數的港口能接納此型船舶，此型船舶主要使用在長程航線如從波斯灣到歐洲、亞洲及北美。ULCC 目前所建造的最大尺寸是船長 415 公尺、船寬 63 公尺及吃水 35 公尺。

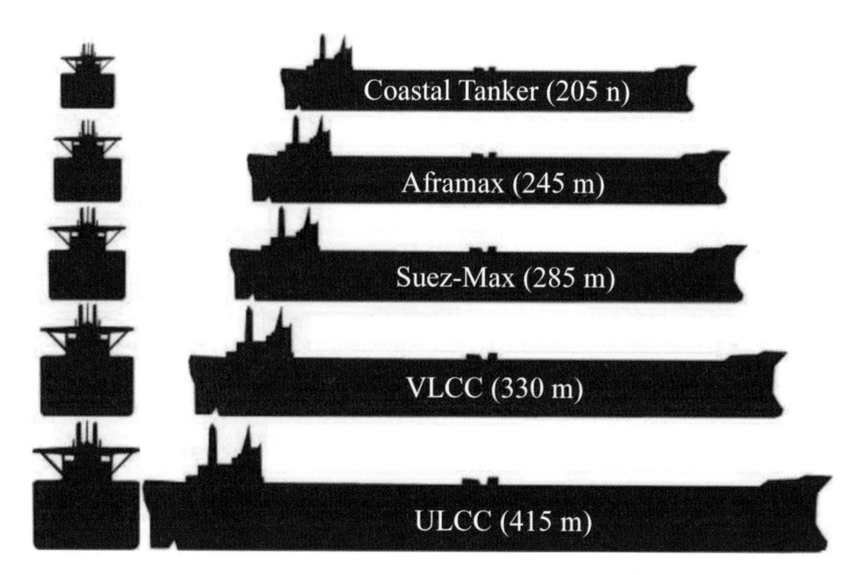

圖 10　大型與超大型油輪規格示意 [4]

---

4 VLCC and ULCC
http://maritime-connector.com/wiki/vlcc/

7.3 危險物品運輸

凡具有爆炸、易燃、毒害、腐蝕和放射性等特性，在運輸、裝卸和儲存過程中，容易造成人身傷亡、財產損毀或環境污染，而需要特別防護的貨物，均屬於危險貨物或稱爲危險物品（Dangerous Cargo or Dangerous Goods）。一般泛指的包裝危險貨物，除通常所指的有包裝的各類危險貨物外，還包括裝載於貨櫃、可移動性儲存罐（櫃）、公路或鐵路車輛等。

危險貨物在海上運輸具有運量大、種類多、風險大、運價高及涉及單位多，國際海事組織（IMO）就制定「國際海運危險品準則」（International Maritime Dangerous Goods Code, IMDG Code），根據 IMO 海事安全委員會的決議，從 2004 年 1 月 1 日起，IMDG Code 中的主要部分已成爲 SOLAS 1974 公約、MARPOL 73/78 公約下的強制規定，它適用於任何總噸商船的包裝危險貨物國際運輸航線，不適用散裝的固態和液態危險貨物，以及船用物料和船舶設備的運輸[5]。

---

5 邱文昌、吳善剛，《船舶貨運》，上海交通大學出版社，2015，上海。

「國際海運危險品準則」依貨物主要特性和運送要求分爲九大類，每一類又細分若干小類，規則的總論是對各類危險貨物作業提供原則性的要求和建議，而每一類危險貨物的引言，則是針對該類貨物的特性提供具體的要求和建議，而各類物質的明細表則是對單一貨品的詳細說明。

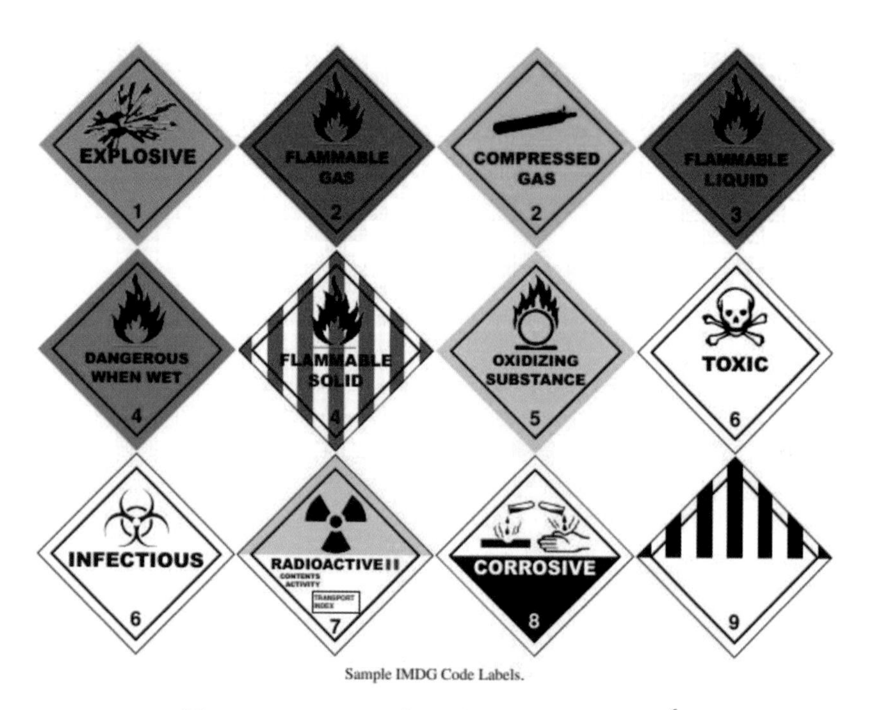

圖 11　IMDG Code 危險物品分類標示標誌 [6]

6 Dangerous goods stowage guidance- general cargo ships procedure http://www.generalcargoship.com/dangerous-goods-guidance.html

「國際海運危險品準則」引用概括描述和品種羅列並舉方法，以鑑別危險貨物與非危險貨物，在每一大類品名中均設有多項「未列明」條目（Not Otherwise Specified, N.O.S），適用於不另外具體列出名稱的同一特定種類的貨物。當運送人（船方）承運具有危險性但是「國際海運危險品準則」總索引中未列品名的貨物時，必須要求託運人提供「危險貨物技術說明書」，以確定貨物之歸屬何種類「未列明（N.O.S）」條目，以便採取相應之措施。

有關「國際危險貨物規則」之使用方法說明如下[7]:

1. 熟悉規則的總論及各大類的引言。
2. 由規則的索引表，查得特定危險貨物明細表、頁碼分類、包裝、標誌等數據，以獲取其簡要資料。
3. 查閱物質明細表和有關附錄，以獲得詳細說明。
4. 規則的第一冊，提供兩種形式的索引表，因此查閱方式有兩種。

我國亦援引用 IMO 的 IMDG Code 對海運危險物品的定義，其定納入我國相關法規條文的內容。

商港法（中華民國 100 年 12 月 28 日總統華總一義字第 10000293541 號令修正公布全文 76 條；施行日期，由行政院定之；中華民國 101 年 2 月 3 日行政院院臺交字第 1010001792 號令發布

---

7 IMDG Code
http://www.mantraco.com.tw/OCEAN%20DGR/D260526.htm

定自 101 年 3 月 1 日施行）

我國商港法第 3 條名詞規定，「危險物品：指依聯合國國際海事組織所定國際海運危險品準則指定之物質。」

第 24 條

裝有核子動力之船舶或裝載核子物料之船舶，非經原子能主管機關核准，不得入港。

前項船舶應接受航港局認為必要之檢查，其有危及公共安全之虞者，船長應立即處理，並以優先方法通知商港經營事業機構、航港局或指定機關採取緊急措施。

第 25 條

入港船舶裝載爆炸性、壓縮性、易燃性、氧化性、有毒性、傳染性、放射性、腐蝕性之危險物品者，應先申請商港經營事業機構、航港局或指定機關指定停泊地點後，方得入港。

船舶在港區裝卸危險物品，應經商港經營事業機構、航港局或指定機關之同意。對具有高度危險性之危險物品，應由貨物所有人備妥裝運工具，於危險物品卸船後立即運離港區；其餘危險物品未能立即運離者，應於商港經營事業機構、航港局或指定機關指定之堆置場、所，妥為存放。

裝載危險物品之船舶，應依照規定，日間懸掛紅旗，夜間懸掛紅燈於最顯明易見之處。

船舶危險品裝載規則（中華民國104年8月13日交通部交航字第10450106191號令修正發布第1～3、6、35、37、38、41～44、46、47、57、60、63、70、77～79、81、84、92～94、100～105、111、115、117條條文；刪除第4、5、7、52、76、88、106、112、119、120條條文）

第2條

船舶除遊艇及小船外，其危險品之裝卸及載運應依本規則規定。航行國際航線之船舶並應符合國際海運危險品章程及其修正案、防止船舶污染國際公約附錄三防止海上載運包裝型式有害物質污染規則及其修正案規定。

第3條

本規則不適用於船舶自用之物料及設備、油輪所載之油或其他載運特殊貨物而建造或全部改裝之船舶上所載運之貨物。

表12　我國船舶裝載危險品分類表

類別	組別
第一類　爆炸物（Explosives）	1.1 具有大量爆炸危險者。
	1.2 具有拋射危險，但無大量爆炸危險者。
	1.3 具有火災危險，並同時具有或單獨具有輕微拋射危險，但無大量爆炸危險者。
	1.4 無重大危險者。

類別	組別
	1.5 反應非常遲鈍但具有大量爆炸危險者。
	1.6 反應極遲鈍但無大量爆炸危險者。
第二類　氣體（Gases）	2.1 易燃氣體。
	2.2 非易燃無毒氣體。
	2.3 毒性氣體。
第三類　易燃液體（Flammable liquids）	
第四類　易燃固體（Flammable solids）	4.1 易燃固體、自反應物質及固體減敏爆炸物。
	4.2 自燃物品。
	4.3 遇水產生易燃氣體。
第五類　氧化物與有機過氧化物（Oxidizing substances and Organic Peroxides）	5.1 氧化物。
	5.2 有機過氧化物。
第六類　毒性與傳染性物質（Toxic and infectious substance）	6.1 毒性物質。
	6.2 傳染性物質。
第七類　放射性物質（Radioactive materials）	
第八類　腐蝕性物質（Corrosives substances）	
第九類　其他危險品（Miscellaneous dangerous substances and articles）	

另依據我國海洋污染防治法第 3 條的名詞定義，「有害物質：指依聯合國國際海事組織所定國際海運危險品準則所指定之物質。」

碼頭裝卸安全衛生設施標準第 67 條規定：「雇主於從事處理毒性物質、有害物質、易於飛散物質或有粉塵飛揚等之作業時，應使勞工佩戴適當防護具、穿著必要防護衣物或使用相關安全裝備。」

化學品全球調和制度（Globally Harmonized System of Classification and Labelling of Chemicals, GHS）[8]

GHS（Globally Harmonized System of Classification and Labelling of Chemicals）是聯合國爲降低化學品對勞工與使用者健康危害及環境污染，並減少跨國貿易障礙，所主導推行的化學品分類與標示之全球調和系統。

GHS 施行後，將可提供國際上通用且容易理解的危害通識系統，不僅可提升對人類健康及環境保護，並可節省跨國企業製作標示及物質安全資料表的費用與時間。目前聯合國已於 2003 年 4 月公布 GHS 之系統文件初版，及 2008 年始於全球展開實施；APEC 會員體將在自願性的基礎上展開推動，我國自 2006 年起已透過跨部會推動方案，於 2008 年起分階段展開 GHS 分類標示及物質安全資料表的實施。

---

8 化學品全球調和制度，勞動部職業安全衛生署
https://ghs.osha.gov.tw/CHT/masterpage/index_CHT.aspx

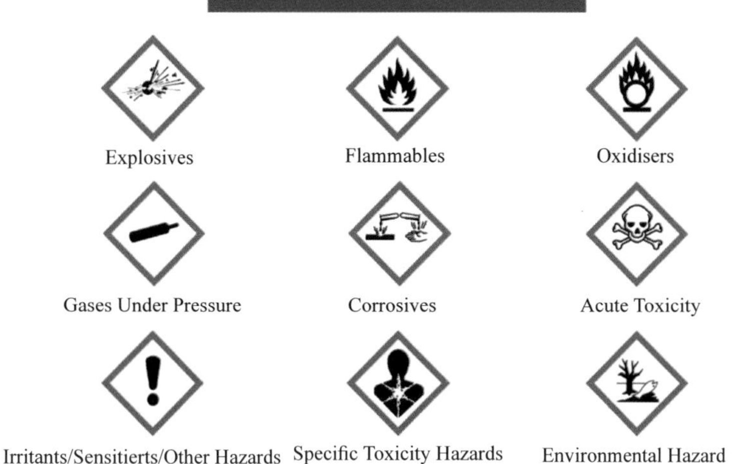

圖 12　GHS 化學品分類標示標誌[9]

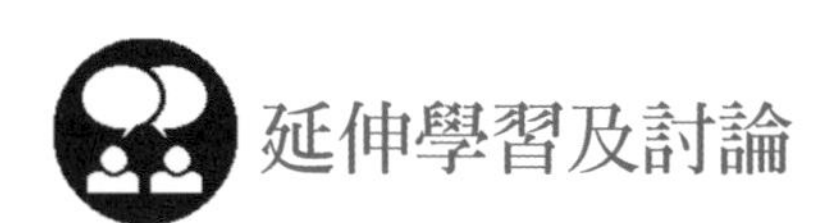

延伸學習及討論

一、海運貨物發生共同海損時，海商法有哪些規定責任分擔？

二、船舶貨物運送人對承攬貨物時，應有哪些公告事項？

三、船舶貨物裝載時，船長或其代理人的注意事項爲何？

四、船舶貨物裝載時，不同種類的貨物有何注意事項？

9　Understanding GHS Compliance
https://envirofluid.com/understanding-ghs-compliance/

五、試討論危險物品在船舶裝載的注意事項（法規及作業面）。

六、試討論危險物品在港埠作業的注意事項（法規及作業面）。

七、試討論現行公路與港口的危險物品運輸作業，其相關法規規定爲何？

第八章 船舶租賃

船舶租賃（Ship Chartering Trade）是船舶所有人自己擁有船舶，但不實際從事貨物運輸，而是將船舶以不同型式出租於他人收取利益，提供承租人進行貨物運輸營運業務。航運是國際貿易與經濟發展的根本，同時它也是資本密集與投資回收期長的特殊行業，因此船舶各種租賃的方式，成爲此行業進行租用（營運擁有）船舶經營方式，是典型的集金融、貿易、技術、服務與風險控制的知識。

8.1 船舶權益的知識

船舶是從事海上商務活動必需的工具。何謂船舶？我國船舶法第3條規定：「船舶：指裝載人員或貨物在水面或水中且可移動之水上載具，包含客船、貨船、漁船、特種用途船、遊艇及小船。」

另在海商法的第1條規定：「本法稱船舶者，謂在海上航行，或在與海相通之水面或水中航行之船舶。」除小船及軍事、公務船艇等外，商用船舶在船舶登記及民法上，均有船舶的財產權益發生之特別規定。

船舶爲物之一種。依我國民法規定，係以二分法之方式，將物分爲「不動產」及「動產」二種。依民法第 67 條規定 :「稱動產者，爲前條所稱不動產以外之物。」故物之非爲「土地及其定著物」者，不論其性質、形狀、建材之種類，皆爲動產。另海商法第條規定：「船舶除本法有特別規定外，適用民法關於動產之規定。」

船舶的概念及法律性質[1]：

1. **船舶爲合成物**：船舶乃由船體、桅檣、船機、甲板、船艙等部分構成，每一部分在法律上皆不能單獨存在。爲維船舶航行與營業之順利，海商法第 7 條特別規定 :「除給養品外，凡於航行上及營業上必需之一切設備，皆視爲船舶之一部。」船舶設備即爲船舶

1 尹章華，船舶的概念及法律性質，台灣法律網 http://www.lawtw.com/article.php?template=article_content&job_id=58345&article_category_id=1511&article_id=28191

之組成成分。

2. **船舶視爲動產**：船舶在民法上爲合成物之一，即由數個獨立的物結合而成之物，因此海商法亦將船舶視爲動產。因此關於船舶所有權、抵押權、甚至租賃權的取得、設定、變更和消滅，皆如同不動產一般辦理登記。唯船舶之登記與不動產物權之登記，法律效力上有所不同。

3. **船舶的人格化**：船舶在法律上往往將之人格化，船舶有國籍、船齡、噸位。好比自然人之姓名、國籍、戶籍、年齡。船舶之生存期，從下水（Launching）開始，至失去其法定功用或效能時終止。如船舶拆毀、沉沒、失蹤、燒毀，亦須登記，如同自然人死亡時須辦理除籍。

船舶法（中華民國107年11月28日總統華總一經字第10700129031令修正公布）

第3條

本法用詞，定義如下：

一、船舶：指裝載人員或貨物在水面或水中且可移動之水上載具，包含客船、貨船、漁船、特種用途船、遊艇及小船。

第4條

下列船舶，不適用本法規定：

一、軍事建制之艦艇。

二、龍舟、獨木舟及非動力帆船。

三、消防及救災機構岸置之公務小船。

四、推進動力未滿十二瓩之非漁業用小船。

五、原住民族基於傳統文化、祭儀或非營利自用，出海所使用經原住民族主管機關認定之小船或浮具。

船舶登記法（中華民國64年6月5日總統（64）臺統（一）義字第2498號令修正公布全文66條）

第3條

船舶關於左列權利之保存、設定、移轉、變更、限制、處分或消滅，均應登記：

一、所有權。

二、抵押權。

三、租賃權。

第4條

船舶應行登記之事項，非經登記，不得對抗第三人。

第5條

小船不適用本法之規定。

海商法（中華民國98年7月8日總統華總一義字第09800166571號令修正公布第16、153條條文；並自98年11月23日施行）

第1條

本法稱船舶者，謂在海上航行，或在與海相通之水面或水中航行之船舶。

第3條

下列船舶除因碰撞外，不適用本法之規定：

一、船舶法所稱之小船。

二、軍事建制之艦艇。

三、專用於公務之船舶。

四、第一條規定以外之其他船舶。

第6條

船舶除本法有特別規定外，適用民法關於動產之規定。

第7條

除給養品外，凡於航行上或營業上必需之一切設備及屬具，皆視爲船舶之一部。

第9條

船舶所有權之移轉，非經登記，不得對抗第三人。

第33條

船舶抵押權之設定，應以書面爲之。

第36條

船舶抵押權之設定，非經登記，不得對抗第三人。

第127條

凡與海上航行有關而可能發生危險之財產權益，皆得爲海上保險之標的。海上保險契約，得約定延展加保至陸上、內河、湖泊或內陸水道之危險。

第 128 條

保險期間除契約另有訂定外，關於船舶及其設備屬具，自船舶起錨或解纜之時，以迄目的港投錨或繫纜之時，爲其期間；關於貨物，自貨物離岸之時，以迄目的港起岸之時，爲其期間。

民法（中華民國 108 年 6 月 19 日總統華總一義字第 10800060031 號令修正公布第 14 條條文；增訂第 1113-2～1113-10 條條文及第四編第四章第三節節名）

第 66 條

稱不動產者，謂土地及其定著物。

不動產之出產物，尚未分離者，爲該不動產之部分。

第 67 條

稱動產者，爲前條所稱不動產以外之物。

售後回租（Sale-leaseback）[2]

售後回租（Sale-leaseback）又稱爲回租租賃，是將自製或外購的資產出售，然後向買方租回使用。售後回租的優點是，它使設備製造企業或資產所有人（承租人）在保留資產使用權前提下可以獲得資

2 售後回租，MBA 智庫百科
http://www.wiki.mbalib.com/zh-tw

金，同時爲出資人提供有利可圖的投資機會。

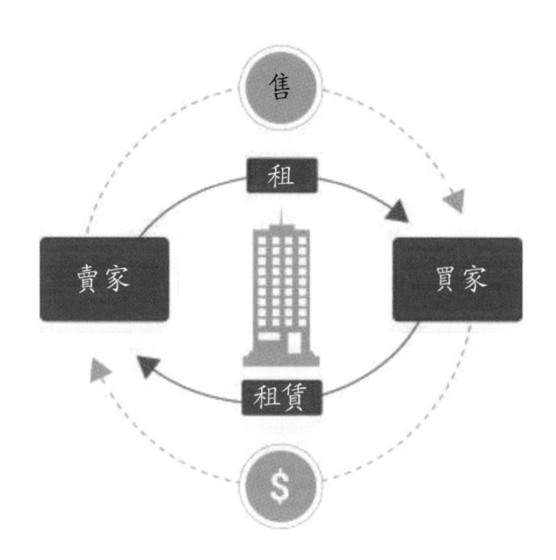

航運業有時在新造船舶時會採取此一方式，避免新造船船價高低或是市場船型規模變動過大，是財務風險轉移的一種方式。

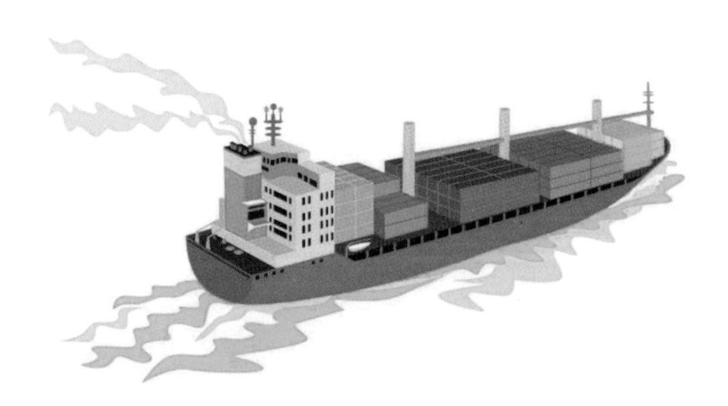

8.2 船舶租賃的方式

航運企業爲適應不同貨物和不同貿易合約對運輸需求，同時也爲了合理運用船舶的運輸能量，以獲取最佳的營運經濟效益，除了用自有船舶自營運輸業務之外，還需要透過船舶租賃方式，擴大運能拓展市場。以概念來說，租賃是指出租人把出租財產交給承租人使用，承租人繳付租金，並在租賃關係終止時將原租賃財產返還給出租人的交易或行爲。我國民法第 421 條規定：「稱租賃者，謂當事人約定，一方以物租與他方使用收益，他方支付租金之契約。前項租金，得以金錢或租賃物之孳息充之。」

傳統租賃與現代融資租賃的區別

傳統意義的租賃是靠出讓資產使用權，以收取租金的經濟行爲。傳統的租賃關係，資產的所有權及相關的資產收益與風險（Risk）仍保留在出租人名下，而且租期相對較短（相對於資產的使用年限而言）。就船舶的租賃而言，論程傭船、論時傭船、光船租賃等租船運輸業務，一般劃分爲傳統的船舶租賃範圍。

與傳統的租賃不同，現代的融資租賃（Financial Leasing）是承租人的目的不是獲取資產的短期使用權，而是透過分期支付租金的模式，獲得資產的長期專屬使用權，獲最終取得資產的所有權。現代融資租賃一般包括典型的融資租賃和經營租賃。

融資租賃是當企業（承租人）需要購置設備時，不是以自有租金或是向金融機構借款購買，而是委託出租人根據承租人的需要和請求，通過出租人自有資金或向金融機構融資購入設備，再出租給承租人使用。承租人依照融資租賃合約規定，定期向出租人繳付租金，租賃期滿後，承租人可選擇購回、退租、續租的一種交易活動。

經營租賃（Operating Lease）是融資租賃發展到一定階段衍生型式，是融資租賃的一種特殊交易方式，實質上是沒有全額清償融資租賃，其關鍵區分是否有「殘值（Residual Value）」或「殘值」有多大。

表 13　傳統租賃、融資租賃與經營租賃的區別 [3]

	傳統租賃	融資租賃	經營租賃
當事人	出租人、承租人	出租人、承租人、供貨商	出租人、承租人、供貨商
承租人目的	短期、臨時使用	中長期內融資	中長期外融資
租賃投資決策權	出租人	承租人	承租人或出租人
維修保養服務	出租人	承租人	出租人或承租人
租金與租賃投資回收之間的關係	一般暫租賃物較少部分	全額清償	非全額清償，通過多次租賃回收投資

3　譚向東，《船舶租賃實務》，中信出版集團，2017，北京。

	傳統租賃	融資租賃	經營租賃
出租人的風險	資產風險	承租人信用風險	承租人信用風險＋資產風險
期末租賃物件所有權的處理方式	退租	以名目價格轉移	退租或公平市價續租轉移給承租人
會計處理	不納入承租人資產負債表	納入承租人資產負債表	納入承租人資產負債表

船舶租賃的概念

船舶租賃是指航運企業向融資租賃公司承租船舶，並按期向其繳付租金，取得船舶使用權或所有權的租賃形式。航運業是資金密集行業，航運業的高風險特點是導致融資困難的主要原因，新購船和建造新船都需要巨額資金，船舶租賃是作爲比傳統的貸款買船更爲經濟的一種融資手段，使航運業與金融業發生密切關係，船舶融資於是應運而生。

隨著造船技術的進步，現代化船舶的噸位、載運能力、技術能力不斷提升以滿足市場規模化的需求。以超大型油輪（VLCC）、液化天然氣運輸船（LNG）、液化石油氣瓦斯運輸船（LPG）、超過18,000TEU[4] 的超大型貨櫃船爲代表的新船型不斷投入市場，資金需求也愈來愈大。

國際船舶主要租賃方式

1. **德國 KG 模式**：KG 模式（德語 Kommanit Gesellschaft 的縮寫，意爲有限責任合夥公司）是從 1969 年開始實施的船舶融資制度，通常由有限責任公司作爲一般合夥人設立基金買船，同時吸收私人投資者作爲有限責任合夥人。基金購買船舶並長期出租給航運公司，這是一種鼓勵投資者，特別是私人投資者向造船業投資的方式。
2. **英國稅務租賃方式**：英國稅務租賃方式（UK Tax Lease）是利用英國稅法中關於減免稅的規定，來降低融資成本的一種租賃方式。出租人（必須是英國人）出資購買船舶，租賃給承租人（也必須是英國人）使用，承租人向出租人繳付租金。由於英國法律規定船舶折舊率可達 25%，而非通常的 6%，出租人初期幾年租金低於折舊出現帳面虧損，可以抵消部分盈利減少稅賦，出租人可將這

4　20 呎標準貨櫃（Twenty-foot Equivalent Unit, TEU 或 teu），20 呎標準貨櫃常用來形容貨櫃船及貨櫃碼頭的能力。

部分利益回饋給承租人以降低融資成本。

3. **挪威 KS 基金模式**：挪威 KS（Kommandittselskap）基金模式是一個集中於光船租賃（Bareboat charter）市場的傳統租賃，KS 基金以購買二手船舶爲主要目的，並利用光船契約和定期租船契約把船出租給船公司使用，租期約爲 3～10 年。KS 制度是由數個有限責任股東和至少一個一般股東組成的有限責任公司。
4. **新加坡海事信託基金模式**：海事信託基金在新加坡的興起，源於新加坡海事港口局在 2006 年推出的海事金融獎勵計畫（Maritime Finance Incentive Scheme），在 10 年內購買船隻所賺取的船舶租賃收入，主要符合條件可永久免繳稅直到船隻被出售，旨在通過一系列的稅收優惠措施，吸引社會資金進入船舶航運業。
5. **韓國船舶融資 SIC 基金模式**：韓國爲了鼓勵船舶融資的發展，於 2003 年提出船舶融資公司（Shipping Investment Company, SIC）的模式，在這個制度下，SIC 必須設籍在韓國，透過國內的公共投資者及融資機構的貸款，獲取資金以購買船舶。SIC 透過在海外稅務較少的國家成立特殊目的公司（Special Purpose Vehicle, SPV）以便擁有和租賃船舶的資格，SPV 與船東之間簽訂造船與買賣協議購買船舶，把船舶以光船租賃方式租給承租人的期間大概 5～15 年。

 賽斯潘公司（Seaspan Corporation）[5]

賽斯潘公司成立於 2005 年，總部設在香港中環，是紐約證券交易所（New York Stock Exchange , NYSE）的上市公司，公司辦公室設在香港、印度及加拿大，主要是經營貨櫃航運業務，作爲獨立租船人和貨櫃船管理，出租船隻給定期貨櫃航運公司，並簽訂長期固定利率出租合約，是全球最大貨櫃船租賃公司，還提供船舶管理、船員等相關管理及諮詢類服務。

賽斯潘公司的貨櫃船隊租賃客戶爲世界各著名貨櫃航運公司，如中遠海集團（中遠及中海）、陽明海運公司、日本 ONE 公司（川崎、商船三井）、德國赫伯羅德公司、地中海航運、法國達飛航運公司、馬士基航運公司等。

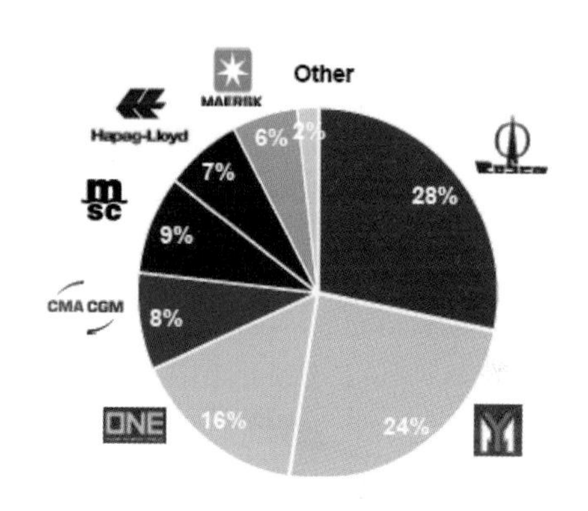

5　Seaspan Corporation
https://www.seaspancorp.com/

8.3 船舶風險管理與保險

航運企業的船舶運費收入是其利潤的主要來源，但國際航運價格是受市場特性決定。航運需求是衍生需求（Derived Demand），因此受到基本面如各國經濟、貿易發展的影響，不但受到經濟週期的影響，而且突發性的政治衝突、氣候變遷、流行性疾病等變化，都會對航運市場造成衝擊，這就決定航運市場是一個風險性很大的市場，所以航運企業會有強烈的避險需要。

航運業是風險性行業，除了船舶航行安全外，航運市場運費的變動性，給經營者帶來巨大的經營風險。而風險（Risk）來自事件（Event）的結果（Outcome）之不確定性，是主觀預期結果與實際結果的落差，因此風險被認定是無處不在。

國際航運市場就是這樣一個充滿風險的市場，除了上述政治、經濟、社會因素影響外，由於購買船舶耗費巨大，一旦投資後其設備用途具有不可改變性，另外航運需求的經濟衍生性，以致航運服務生產具有被動性、依賴性。因此航運企業從投資購買船舶開始到投入營運、承載貨物、海上運輸、進出港口，直到交付貨物的整個過程，都面臨與其他企業不同的特殊風險。

航運企業所面臨的風險通常可劃分爲系統風險和非系統風險兩大類[6]：

1. **系統風險**：是指由於某種全面性的因素，而引起航運企業實際收益或成本和預期結果發生偏差的可能性，其中包括：
   (1) 市場風險：一方面取決於運輸成本，由於影響運輸成本的因素（例如船舶燃油價格）出現不可控制的變化，導致運輸成本經常變動。由於航運服務生產無法儲存，是航運供需關係很難及時調整。
   (2) 金融風險：是指由於利率（購船融資）、匯率變動（運費）及通貨膨脹（營運支出）等因素，引起航運企業實際收益等及成本與預估的落差。
   (3) 國家風險：指航運企業經營中的目標國，各種難以預料的經

6 王學鋒、孫曉琳，《航運衍生品與風險管理》，上海交通大學出版社，2015，上海。

濟、政治和法律等因素變化（例如波斯灣海峽戰爭），導致航運企業投資、營運環境發生變化，產生與預計結果不一致的風險。

2. **非系統風險**：是指對某一或一些特定航運企業所產生影響的風險，其中包括：

   (1) 技術風險：指航運經營中的船舶或投資訂購的新船，由於技術狀況影響船東的獲利能力所帶來風險，例如反制海盜攻擊的人員及設備、船舶節能環保設備。

   (2) 財務風險：航運企業採用不同的融資方式會帶來財務風險，債務是企業所負擔的中長期借款，債務愈大風險就愈高，如造新船時財務槓桿愈高，交船時運費低就有風險產生。

風險管理概念

風險管理觀念最早起源 20 世紀初期美國經濟大蕭條時期，爲了因應銀行及企業大量破產倒閉，企業開始在內部設立風險管理部門，那時的風險管理手段主要依賴於保險（Insurance）方式。

風險管理[7]的活動是指對影響企業目標實現的各種不確定事件進行辨識與評估，並採取因應措施將其影響情況，管理控制在可接受範

---

7 Risk Management in Finance
https://www.investopedia.com/terms/r/riskmanagement.asp

圍之內。

風險管理活動其中風險辨識、風險管理是活動核心，主要是包括四個環節：

1. **風險辨識（Risk Identification）**：是所有活動的開始，包括感知風險和分析風險，透過感性認識和歷史經驗來判斷風險來源，另一方面經由客觀經營管理資料和事故紀錄進行風險因素分析。
2. **風險評估（Risk Evaluation）**：是對風險因素進行詳細的分析與預測，將風險數字化或文字精確化，以確定各種風險的強度（損失規模）和發生機率，爲後續選擇有效的管理方法作爲依據，對風險評估要有持續性及靈活性。
3. **風險管理（Risk Management）**：是選擇使用何種方式進行對風險的管理，迴避風險、預防風險、自保風險、轉移風險等。
4. **風險監控（Risk Monitoring）**：是管理活動的最後一步，由於外部市場環境是動態變化，管理者要透過監控進行檢視、檢討調整，提出改善方案。

船舶保險概念

由於船舶活動於海上具有明顯的特殊風險，所以所有的船舶都要進行風險管理，其中主要是船舶保險，在實務操作可由出租人投保並將保險金納入各期租金中，也可由承租人以出租人名義投保並承擔保險費用。

船舶保險是指以各種船舶、水上裝置及其碰撞責任爲保險標的之保險。它是運輸工具保險的一種，一般分爲內河船舶及遠洋船舶保險，保險工具採用定期保險單或航程保險單，其特點是保險責任僅以水上爲限，這與貨物運輸保險可將責任擴展至內陸某一處倉庫是不同。

保險金額的確定一般按船殼、機器、鍋爐或特種設備（如冷藏設備）等保險標的在投保當時市價和保險費的總和計算。船舶的保險責任一般保課各種水上風險，例如：海上災害、船舶失蹤、碰撞、第三者碰撞損失、共同海損及救助費用等（可參閱海商法規定）。惟有些情形，保險人有一般不予承保的責任：例如軍事行爲和政府徵用、不具備適航條件、故意行爲、保險船舶正常維修、清除障礙物及航道費用、停航停業及第三者的損失、保險船舶上人員個人行李、船用品、燃料及工具材料等。

遠洋船舶保險的保險期限分爲兩種：

1. **定期保險**：一般爲一年至少三個月，以保險單起訖日期爲準。
2. **航次保險**：保險期限以保險單訂明的航次爲準，起訖時間自空船起運港解纜或起錨時開始，至目的港拋錨或繫纜爲止。載貨船舶自起運港裝貨時開始，至目的港卸貨完畢時止，最多不得超過 30 天。

海上保險（Marine Insurance）[8,9]

水險爲海上保險之泛稱，最早源於 13 世紀義大利之海上冒險借貸，隨後在英國蓬勃發展成保險制度之形式。海上保險依保險標的物之不同可分爲貨物運輸保險（Marine Cargo Insurance）、船體保險（Marine Hull Insurance）、航空保險（Aviation Insurance）以及責任險（Liability Insurance for Ship Accident）。而海上保險是一種損失分攤與風險分散之制度，使得從事航海貿易者可將風險轉嫁保險公司，在航海中遭遇事故與災變之時，能夠及時獲得補償之保險。

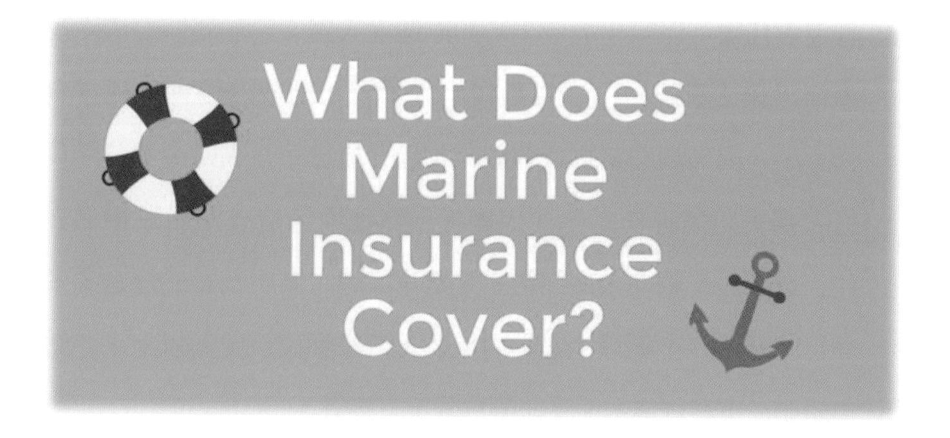

8 國泰產險：水險
https://cathay-ins.com.tw/insurance/products/marine/

9 Do I Need Marine Insurance... is it included?
https://www.shippo.co.uk/faqs/do-i-need-marine-insurance-is-it-included/

1. **貨物運輸保險**：按運輸方式不同，可分爲海上貨物運輸、航空貨物運輸、內陸運輸及郵寄包裹等保險業務。只要是貨物自甲地運往乙地，經由各種不同運輸工具（如輪船、飛機、火車及卡車），皆可由貨主或被保險人投保貨物運輸保險，以保障保險標的物因貨物運輸途中遭受意外事故所致之損失，可自保險公司獲得補償。
2. **船體保險**：承保載運貨物之商船，如貨櫃船、油輪等，或運送旅客之客輪、渡輪、觀光休閒船等，由於遭遇特定海上危險之意外事故導致船舶本身發生之毀損滅失及費用之補償。
3. **營運責任險**：保障事故發生時船舶運送人對「船舶殘骸之清除及海洋污染之責任」、「船員或其他第三人造成之傷害或死亡責任」、「因碰觸固定物或非固定物體等屬於第三人財產部分所負擔之損失賠償責任」、「因碰撞或其他原因造成他船毀損之責任」以及因「救助人命而衍生之費用」等，其中該船舶運送業者係爲總噸位二十噸以上之動力船舶，或總噸位五十噸以上之非動力船舶從事客貨運送而受報酬爲營業之業者，

4. **承攬運送人責任險**：凡經航政機關核准之本國籍與外國籍海、空運承攬運送業，為配合航政機關要求及保障其承攬運送貨物之權益，所投保之保險。

延伸學習及討論

一、試討論船舶適用我國民法上動產的規定情形。

二、新造船舶在建造時，其抵押權規定為何？

三、試討論交通工具的租賃使用方式與差異。

四、航空及海運業為何常使用設備租賃方式？

五、我國交通部的航業振興計畫，有哪些項目？

六、為何航運新聞經常出現船公司租賃或造船出售再租回報導，其作法及原因為何？

七、試說明航運市場的風險管理的內容及注意事項。

第九章 航運市場

航運的發展，聯接不同港口及國家之間的原料、工業製成品、農漁產品及客運的國際需求與供給，促進國際貿易的發展。在海上運輸市場中，爲了便利運輸大量貨物且達到規模經濟，近代超大型客貨船的設計建造及投入營運，使航運市場更增添營運競爭及操作度更加複雜。

9.1 國際航運知識

國際航運是國際貿易中最主要的運輸方式，海洋運輸的運量大、運費低、航線四通八達，隨著經濟全球化發展和高效率船舶的研發建造，國際貿易貨物運輸更加採用此種運輸方式。

從船舶營運、市場分析研究的角度，國際海上貨物運輸可分爲以下幾類；液體散貨、乾散貨、一般貨物以及貨櫃貨，此外還有其他類型的貨物，如天然氣、冷藏（凍）貨物、汽車、木材以及牲畜等，這些都需要特殊類型的船舶來載運。

航運市場一般以航班固定性及船舶租賃方式區分爲定期與不定期航運，定期航運現在大部分指是貨櫃運輸，不定期航運是原油和乾散貨運輸。航運市場也稱航運交易市場，通常指船舶需求方與供給方洽談租船合約的市場，設在船舶所有人和貨主匯集、外貿和運輸密集的地方，主要有倫敦、紐約、東京、上海、奧斯陸、漢堡及鹿特丹等港城市。

國際航運市場是由世界經濟和國際貿易衍生出來的市場，由於國際貿易的貨物交易運輸需求，透過航運市場反應出來，航運需求與航線的結合成爲國際航運的總需求。航運的總供給是世界商船隊透過經營管理轉爲航運運輸的供給能力，此外在修造船、船員勞務、船舶買賣和拆解市場的協力作用下，運能會隨市場需求而動態調整。

表 14　國際航運市場體系架構[1]

國際航運市場			
相關市場	基本市場		
	要素市場	運輸市場	
1. 新建船市場	租船市場	定期市場	不定期市場
2. 二手船市場	航運訊息市場	雜貨輪市場	油輪市場
3. 修船市場	航運金融市場	貨櫃輪市場	乾散貨船市場
4. 拆解船市場	船員勞務市場		

1　王學鋒、孫曉琳，《航運衍生品與風險管理》，上海交通大學出版社，2015，上海。

國際海運的涵義

運輸（Transport）[2] 按運輸方式的不同，可以分為水上運輸、陸上運輸、航空運輸和管道運輸等，其中水上運輸國際遠洋運輸（或稱國際海運）和內河運輸，而在國際海運中根據其活動範圍，又有遠洋運輸和沿海運輸之分；陸上運輸可以分為鐵路、公路及管道運輸。

國際海運（International Ocean Shipping）是船舶營運人（Operator）以船舶為運輸工具，以海洋為路徑從事國與國之間的貨物與旅客運輸，並收取運費的營運行為。由於國與國之間的海上運輸，不一定需要跨越大洋進行長距離運送，而只需沿海航行即可，故國際海運還包括部分的沿海運輸。

國際海運的業務

國際航線上的船舶運送人只是國際海運業的一個重要分子，另外本身有自有船舶，但並無自行經營運輸，而將船舶用於出租的船舶租賃業；本身沒有貨物或船舶，而以代辦或代理貨主、船公司業務為自身的營運業務獲取報酬之貨運代理業或船務代理業；以及媒介貨物訂艙、租船或買賣船舶交易、代理洽談業務的經紀人（Broker），還有港口的裝卸承攬（Stevedore）、理貨（Tally）等，都屬廣義國際海運業的範疇。

2　Transport
http://simpletopic.blogspot.com/2012/04/transport.html

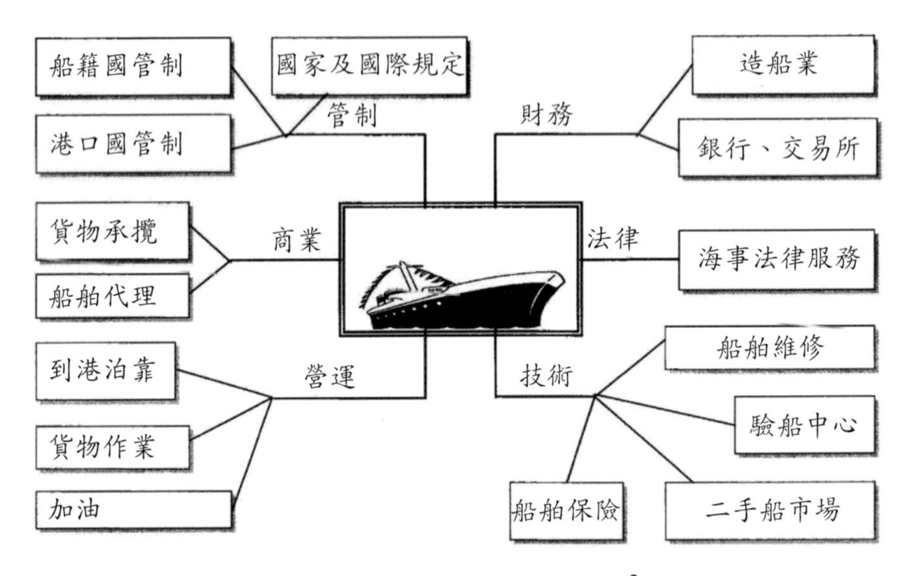

圖 13　海運產業的主要關係人[3]

國際海運船舶

我國船舶法第 3 條有關船舶名詞定義：「指裝載人員或貨物在水面或水中且可移動之水上載具，包含客船、貨船、漁船、特種用途船、遊艇及小船」。而所謂商船（Merchant Ship）是指以商業行爲爲目的，供在海上及與海相通的水域、或水下航行的船舶。

3　Maritime Economics
http://maritime-economics-at.blogspot.com/

1. 商船的性質

(1)**整體性**：在船舶所有權認定上，海商法第 7 條規定：「除給養品外，凡於航行上或營業上必需之一切設備及屬具，皆視為船舶之一部」。它的抵押、轉讓、繼承、保險委付，都把船舶各部分視為整體來處理。

(2)**財產化**：法律上把船舶視為移動的財產，海商法第 6 條規定：「船舶除本法有特別規定外，適用民法關於動產之規定」。但船舶亦具有「不動產性」，其物權之移轉係採登記對抗主義，與不動產一樣得設定抵押權。

(3)**人格化**：把船舶擬人化，即如同視為自然人，船舶有生日（下水日）、戶籍（註冊登記）、姓名（唯一）、國籍（船籍、船旗）、年齡（船齡）及體重（噸位）。

(4)**領土性**：船舶在國際法上被視為船籍國的「浮動領土」（a floating island or a floating territory）[4]，受船籍國的法律管轄及保護，因此船舶具有領土性特徵。

2. 商船的規範

(1)**船籍**：依我國「船舶登記法」第 2 條：「船舶登記，以船籍

4　楊瀅陵，「概論公海船旗國管轄制度」，2010, Vol.45，海巡雙月刊 https://www.cga.gov.tw/GipOpen/wSite/public/Attachment/f1279198533217.pdf

港航政機關爲主管機關。但建造中船舶之抵押權登記，以建造地航政機關爲主管機關」。另「船舶國籍證書核發規則」第 2 條規定「中華民國船舶應由船舶所有人向航政機關爲所有權之登記，並申請核發船舶國籍證書」。

(2) **標誌**：依我國「船舶法」第 10 條：「船舶應具備下列各款標誌：

一、船名。

二、船籍港名或小船註冊地名。

三、船舶號數。

四、載重線標誌及吃水尺度。但依第五十一條所定規則及第八十條第一項但書規定，免勘劃載重線或吃水尺度者，不在此限。

五、法令所規定之其他標誌。」。另「船舶標誌設置規則」第 2 條亦有類似規定。

(3) **船名**：「船舶法」第 12 條規定：「船名，由船舶所有人自定，不得與他船船名相同」。

到岸價格（CIF），離岸價格（FOB）

CIF 爲（Cost，Insurance and Freight）的簡稱，可譯爲運費、保險費在內的貿易條件。根據本條件買賣時，賣方還要負責出口貨物的海上運輸費用，以及支付貨物運輸保險費。

FOB 是（Free on Board）的簡稱。FOB 條件就是表示「賣方將

貨物交到出口港的海輪貨船上，責任即告解除，此後的費用與風險，都是由買方負擔」。

9.2 航運成本內容

擁有和經營船舶包含不同的成本，原則可以分爲資本成本、營運成本、航運成本以及貨物裝卸成本，這些成本由船舶大小、船齡、航速、類型，以及購買船舶時的融資結構等因素而決定。

國際航運成本

1. **資本成本**：包括利率和資本償還成本，這些成本大小取決於購買船舶時的融資結構及利率水準。船主可以使用不同方式爲購買船舶融資，如銀行貸款（資產抵押貸款）、發行債券、股票和私募（Private Placement）等方式。融資的可能性及金額大小依賴於船公司的營運能力、融資能力、聲譽及船舶數量多寡。
2. **營運成本**：無論船舶是閒置或在營運，船主需承擔每日的正常運作的固定成本，這些成本包括船員工資、伙食供應，以及船舶維修及保險費用（視船齡、規模及類型而定）、行政管理費用。船員配備數量及水準，也視公司政策及驗船機構認證的，也會造成船舶維護及行政管理費用的高低落差。
3. **航運成本**：產生於船舶用於特定航行時，主要包括燃料成本、港口費、引水費以及運河費，這些費用取決於船舶所承接的特定航程、船舶類型及大小。

4. **貨物裝卸成本**：包括裝載、過駁以及卸載費用，這些費用與船舶的種類、規模以及船齡相關。而在航次租船（Time Charter on Trip Basis, TCT）合約中，船主需要負擔航行費用，而在定期租船（Time Charter）合約中，承租人需要支付航行費用。

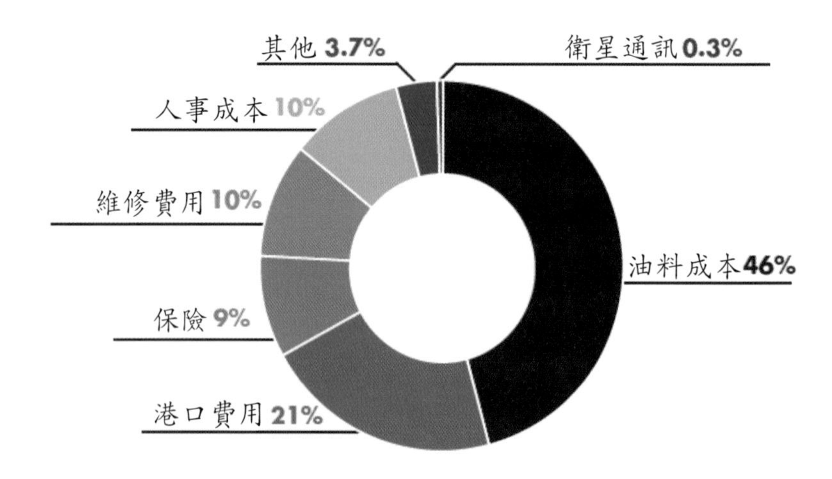

圖 14　典型船舶維持成本的組成結構 [5]

船舶的作業成本結構主要是船舶燃料、港口費用、保險、維修費用、人事費用、其他行政管理、船 - 岸通訊費用等。其中特別是油價

5　Good satcoms have an exponential benefit on vessel's cost https://www.navarino.co.uk/archives/5078

高低影響船公司盈餘很大，會採取集中批量採購獲得優惠價格或透過預購提前獲取較低油價。

國際航運成本分類

航運成本是指航運企業在一段期間，爲經營船舶運輸服務所支出一切費用的總和。

表 15　國際航運成本分類方法[6]

<table>
<tr><th colspan="3">1. 航運總成本</th></tr>
<tr><td>固定成本</td><td colspan="2">變動成本</td></tr>
<tr><td>船舶折舊及利息
船員費用
維修費用
船用儲備品
保險費
企業管理費</td><td colspan="2">燃料費
港口稅費
裝卸費
運河費</td></tr>
<tr><th colspan="3">2. 航運總成本</th></tr>
<tr><td>資本成本</td><td>經營成本</td><td>航次成本</td></tr>
<tr><td>船舶折舊及利息</td><td>船員費用
維修費用
船用儲備品
保險費
企業管理費</td><td>燃料費
港口稅費
裝卸費
運河費</td></tr>
</table>

6　楊新，《國際航運經濟學》，人民交通出版社，2012，北京。

航運成本有各種不同的分類方法，常用的分類方法有下列兩種：

1. 將航運成本分爲固定成本與變動成本兩大類：固定成本（Fixed Cost）是在一定時間與一定運能範圍內，其成本產生總額不受運量增減變動的影響，而相對固定的費用；變動成本（Variable Cost）是費用發生總額會隨著運量的變動而變化的費用。
2. 將航運成本分爲資本成本（Capital Cost）、經營成本（Operation Cost）與航次成本（Voyage Cost）三部分：這是國際航運上常用的方法。

無水港（Dry Port or Inland Port）[7]

無水港是指「無水的港口」，實際設在內陸地區建立的具有報關、檢驗、簽發提單等港口服務功能的物流中心。在無水港內設置有海關、檢疫檢驗等管理機關辦理通關服務，同時或船務、貨運代理及船公司也在無水港設立代表機構，以便收貨、返還貨櫃、簽發以當地爲起運或終點港的複合運輸提單，內陸的進出口商則在當地完成訂艙、報關、報檢等手續，將貨物給貨運代理或船公司。

然後透過海鐵聯運方式將貨物運送到沿海港口，貨櫃就可直接裝船出口，這樣可減少在海港的作業環節、大量時間及運輸成本。從服務功能來看，內陸驗關站、內陸貨櫃站（Inland Container Depot,

7 張良衛，《國際海上運輸》，北京大學出版社，2017，北京。

ICD）、貨櫃集散站（Container freight Station, CFS）等名稱不同，主要功能提供貨物收發、併櫃、海關監管、過境轉運、配送物流服務。

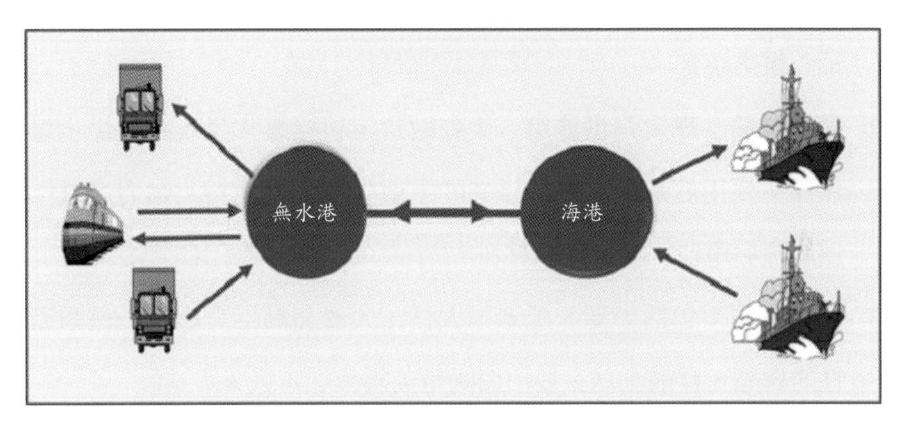

圖 15　無水港（Dry Port or Inland Port）[8]

9.3 散裝航運與運費指數

不定期船（Tramp Shipping）是航運市場一個非常重要部分，以處理散貨運輸或散貨運輸有關的業務爲主，使用的船型有乾散貨船、油輪及 OBO 船舶（Ore/Bulk/Oil 多用途船）。不定期船市場是具有特殊風險的市場，世界政治事件、經濟變動、自然因素都會影響國際散裝航運的市場。

8　LA AMPLIACIÓN DEL HINTERLAND Y LOS PUERTOS SECOS http://estradaportconsulting.com/puertos-secos-y-la-penetracion-en-el-hinterland-de-los-puertos/

乾散貨航運市場的特徵

1. **鐵礦砂運輸**：是世界最大量的乾散貨貿易貨種，是鋼鐵業的主要生產基本原料，和原油一樣對運輸的需求，運能是由貿易量和運輸距離來決定。
2. **煤炭運輸**：煤炭是世界第二大乾散貨，包括煤焦煤及動力煤，煤焦煤主要用於煉鋼，是鋼鐵業的主要生產動力原料，動力煤是作爲能源發電及工業鍋爐的燃料。
3. **穀物運輸**：包括小麥、玉米、大豆、大麥和高粱等，是一種季節性的貨品，目前全球主要出口國是美國及加拿大。
4. **小宗散貨**：主要是鋼鐵製品﹞木材製品、糖、化肥等化工原料，特點是運送次數多但託運貨量較少。
5. **冷藏貨物**：包括冷凍貨物如魚、肉，需要完全冷凍並且是在溫度 –26℃的保存狀態下運輸，另一類是冷藏貨物，奶類品及其他易腐爛品必須在較低溫下運輸。

26.**液體散貨**：原油是世界最大量的海運貨物，大多透過油輪運輸。

表 16　散裝運輸主要船型

原油輪（Crude Tanker）	
阿芙拉型（Aframax）	指船舶的原油載重噸（DWT）在80,000～120,000噸，可以靠泊世界主要港口碼頭作業，AFRA是Average Freight Rate Assessment的縮寫簡稱，AFRA是在1954年由荷蘭殼牌石油（Shell Oil）所創的標準合約名詞。用於南美到北美、俄羅斯經黑海到北歐、東南亞到遠東的出口原油航線。
蘇伊士型（Suezmax）	船舶是以蘇伊士運河爲名，載重噸（DWT）在120,000 to 200,000噸，受限現在運河的限制，典型Suezmax船型船長275公尺（900英呎）、船寬48公尺（157英呎）以及吃水16.2公尺（53英呎），約爲150,000 DWT。
大型油輪（Very Large Crude Carriers, VLCC）	載運原油的大型油輪，標準船型船長在300～330公尺，船寬58公尺及吃水31公尺，使用在載重噸（DWT）在180,000～320,000噸，在北海、地中海及西非區域航線。
超大型油輪（Ultra Large Crude Carriers, ULCC）	載運原油的超大型油輪，標準船型的船長415公尺，船寬63公尺及吃水35公尺，載重噸（DWT）在320,000～500,000噸，大多改裝爲海上儲油船使用。
乾散貨輪（Dry Cargo Ship）	
好望角型（Capesize）	散裝或油輪的載重噸（DWT）在150,000噸，運送煤及鐵礦砂，由於吃水太深不能通過運河，只能經非洲南端好望角航行印度洋與大西洋的區域。

巴拿馬型（Panamax）	船舶因巴拿馬運河命名，Panamax 船型因運河有船閘限制，不能超過船長 294.13 公尺（965 英呎）、船寬 32.31 公尺（106 英呎），以及吃水 12.04 m（39.5 英呎），約爲 60,000～80,000DWT。
輕便極限型（Supramax）	載重噸在 50,000～60,000 DWT，適合小型碼頭缺少設備的港口，船上甲板有自備起重吊桿。
輕便型（Handysize）	載重噸在 35,000～50,000 DWT，船型約船長 150～200 公尺（490～655 英呎），吃水 10 公尺（33 英呎），有 5 個貨艙及船上甲板有 4 支起重能力爲 30 噸的吊桿。

運價和運費

運價（Freight Rate）是調節航運市場供需狀態的關鍵因素，運價是承運單位貨物而付出的運輸服務之價格，海上運輸價格簡稱爲海運運價。運費（Freight）是承運人根據運輸合約完成貨物運輸從託運人處收取的報酬，運費與運價的關係是運費＝運價 × 運量。運輸距離的長短決定運價的變化率，一般單位距離的運價率隨距離增加而遞減，這是由於單位距離運輸成本隨著距離的延長而逐漸降低。

運價水準的變動受許多因素影響，這些因素包括運輸成本、航運市場的結構與競爭、貨物、航線及港口條件、運輸合約條件，在制定運價時都會考慮這些因素。

航運市場的結構是影響運價的主要因素之一，例如貨櫃運輸市場由定期船公會所寡頭壟斷，自行決定各航線的運價。不同貨物具有不同性質與特點，影響到船舶載重重量與艙位容積的利用，運價標準就不同。不同航線有不同航行條件，航行距離、氣象條件、安全性等也會影響運價。運輸合約中所訂的運輸條件，如運費支付方式（預付、到付）、費用分攤責任、承運人的責任區間等。

運價指數是運價變動的相對數，國際航運市場廣泛採用運價指數來反映運價的水準和動態，波羅的海乾散貨運價指數（Baltic Dry cargo Index, BDI）是國際上最有影響力的運價指數，它能夠反映出全球的乾散貨航運市場的運價水準，成為市場榮枯的預測依據。

波羅的海航運交易所於 1985 年開始發布運價指數（Baltic Freight Index, BFI），該指數是由若干條傳統的乾散貨船航線的運價，按各自在航運市場的重要性和所占比重構成的重要指數，之後根據市場發展的需要，於 1998 年 12 月開始發布波羅的海巴拿馬型船運價指數（BPI），1999 年 4 月又發布波羅的海好望角型船運價指數（BCI）及波羅的海巴輕便型船運價指數（BHI）。1999 年 11 月在 BCI、BPI、BHI 的基礎上產生波羅的海乾散貨運價指數（BDI）取代 BFI，2001 年 5 月試公布輕便型船的運價指數（BHSI）。

波羅的海乾散貨運價指數由四個船型的指數組成：

1. **波羅的海海岬型指數（Baltic Capesize Index, BCI）**：8 萬噸以上，無法通過巴拿馬運河或蘇伊士運河，必須繞行好望角或合恩角，主運貨物焦煤、燃煤、鐵礦砂、磷礦石、鋁礬土等工業原料。
2. **波羅的海巴拿馬指數（Baltic Panamax Index, BPI）**：5～8 萬噸，爲可以通過巴拿馬運河或蘇伊士運河的最大船隻，主運貨物民生物資及穀物等大宗物資。
3. **波羅的海超輕便極限型指數（Baltic Supramax Index, BSI）**：5～6 萬噸船隻，主運貨物磷肥、碳酸鉀、木屑、水泥。
4. **波羅的海輕便型指數（Baltic Handysize Index, BHSI）**：4 萬噸以下船隻，主運貨物磷肥、碳酸鉀、木屑、水泥。

航運期貨交易

1985 年 4 月，波羅的海航運交易所開設波羅的海國際航運價期貨市場（The Baltic International Freight Futures Exchange, BIFFEX），

BIFFEX 為租船市場上的船舶所有人和貨主提供一個規避運價變動風險的良好方法，這是一個非常獨特的期貨合約交易，利用期貨合約進行規避風險，2002 年 4 月波羅的海航運交易所停止該運價指數的期貨交易，因市場出現新的運費遠期合約（Freight Forward Agreements, FFA），能更有效達到運價避險作用。

運費遠期合約是交易雙方約定在某一時點，就事先約定的運費價格與波羅的海航運交易所公布的指數價格差額進行現金結算，該合約中還規定特定的航線和數量等。投資者可以透過 FFA 賣賣貨取差價利潤，船東和貨主利用 FFA 進行對沖，將運價波動風險轉移給願意承擔風險的投資者，傳統的航運市場是實質的市場，而 FFA 交易的是紙面上的運價，它是一種運費的期貨交易衍生品。

英國波羅的海航運交易所（Baltic Exchange）[9]

波羅的海航運交易所總部在英國倫敦，全球區域辦公室設在中國大陸上海、希臘雅典及新加坡，是世界上唯一的獨立海運市場的實物和衍生合約的交易和結算資訊來源，有 600 個成員（包括世界上主要的航運公司）。2016 年 11 月，新加坡交易所（Singapore Exchange Limited, SGX）收購波羅的海交易所。BDI 指數一向是散裝原物料的

9　The Baltic Exchange
https://www.balticexchange.com/

航運運價指標，以運輸鋼材、紙漿、穀物、煤、礦砂、磷礦石、鋁礬土等民生物資及工業原料爲主。因此散裝航運業營運狀況與全球經濟景氣榮枯、原物料行情高低息息相關，故波羅的海指數可視爲經濟領先指標。

波羅的海乾貨散裝船綜合運費指數（Baltic Dry Index, BDI），簡稱波羅的海綜合指數。其中由海岬型指數（Capesize）、巴拿馬型指數（Panamax）、輕便極限型指數（Supramax）及輕便型指數（Handysize）各占權重四分之一。

BDI 指數的計算方式爲：

BDI = ((Capesize+Panamax + Supramax + Handysize)/4) *0.113473601

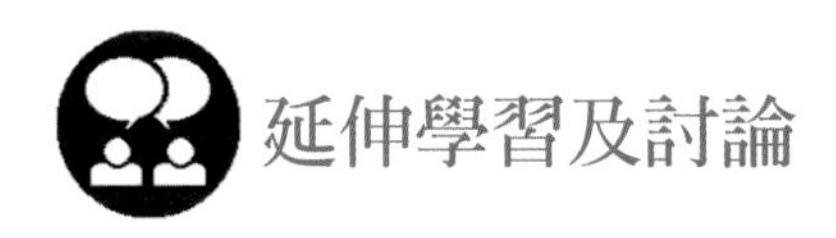

延伸學習及討論

一、試討論航運產業各業者的主要服務功能。

二、請說明海商法中有關船舶所有權的事項。

三、試討論船公司對船舶的高油價成本採取何種避險方式。

四、我國港埠費率種類有哪些？試討論。

五、航運企業對船舶的成本控制可以採用哪些方式？

六、試討論散裝運輸市場的特性。

七、就航運運價指數的衍生金融商品種類試討論。

第十章 海上安全

船舶在海上航行安全有多種不可測的人爲疏失或自然氣候等因素影響，如有意外事故發生則衍生人命、財產及環境污染問題，現代透過教育訓練及運用科學技術以協助船舶的安全航行。21 世紀以來，伴隨船舶的大型化、智慧化、船岸整合以及綠色航運的發展，海上安全議題及因應作爲更顯重要。

10.1 海上交通分析

依教育部國語辭典對「交通」（Traffic）的說明爲：「汽車、船舶、飛機等各種運輸工具在陸地、海上或空中的往來。亦指郵電信函等來往。」而「運輸」（Transport）是爲：「利用交通工具，將人或物由一地運送到另一地。」而海上交通（Marine Traffic）一般泛指船舶在海上的活動行爲與動態，現代運用科學方法與儀器進行對船舶的識別、追蹤及管理。

船舶在大洋或沿海岸航行、進出港灣，必須按規定航路航行並向到離海域的航政港務單位報告，近代爲維護船舶安全及航行秩序，陸續建立船舶交通管理系統，在船舶交通管理中心的監視及服務下，維持航道的秩序，減少船舶發生碰撞及提高航行進出效率。

海上交通的要素是航行指引、船舶及航行水域，航行指引是參與船舶航行駕駛、船員、引水人（Pilot）等；，船舶依船舶法是指「裝載人員或貨物在水面或水中且可移動之水上載具，包含客船、貨船、漁船、特種用途船、遊艇及小船」；航行水域是可供船舶安全通航的水域。了解海上交通就是分析在複雜的環境因素（自然環境、人員操作環境）交互影響下，尋求最佳組合以達到安全、環保及高效率的目標。

在分析海上交通時，常根據水域種類、船舶種類、船舶航行方向等，對海上交通進行分類，依水域可分爲內河船舶交通和海上船舶交通；依船舶種可分爲大小型船舶，或商船、漁船；船舶運動方向可分爲進港方向和出港方向。

海上交通的研究與實施，主要是海上船舶避碰和航路管理，例如：「1776 年英國海軍實施帆船避碰規則，1840 年英國倫敦引水公會制定汽船狹水道航行規則，1848 年英國海軍要求汽船顯示白光的桅燈和左紅右綠的舷燈，1889 年在美國華盛頓誕生世界第一個國際海上避碰規則。20 世紀中葉開始，歐美國家開始建立岸基雷達站設施解決擁擠水域的海上交通安全及效率，後更採取國際間協調的方式解決重大問題，1985 年國際海事組織通過「船舶交通服務（VTS）

指南」，後被 1997 年的「VTS 指南」取代。」[1]

船舶交通調查

船舶交通調查與分析是航港工程規劃與設計，以及船舶交通管理工作的必要準備，包括船舶交通實況調查、航行指引人員調查、進出船舶調查、水域及環境事故案件調查等基本資料。

船舶特性如在水上航行的船速（Speed of Vessel），是指單位時間內船舶運動產生位移，其數值常用的單位是節（Knot, kn）。在船速使用方面，考慮到海上氣候變化和港內機動操作的需要，船舶通常保留適當的主機功率儲備，在海上使用海上速度（Sea Speed），在港內使用港內速度（Harbor Speed），都是有分檔使用（全速、半速、慢速、微速）。航向穩定度（Course Stability）是指船舶保持既定航向作直線航行的能力，穩定度差將使航程增加，加大阻力、降低航速。

船舶航行安全規範

航行安全（Safety of Navigation）[2]，係指避免船舶發生擱淺（Grounding）、觸礁

1 朱軍、陳伯雄、王曉傳，《水上交通工程》，大連海事大學出版社，2019，大連。

2 航行安全，海洋數位典藏計畫 http://meda.ntou.edu.tw/martran/?t=3&i=0017

（Stranding）、碰撞（Collision）等事故之措施。由於上述事故的發生，不但會造成人命或財產的滅失，亦將造成生態的浩劫。

故國際海事組織（International Maritime Organization, IMO）即相繼起草制定相關國際公約，制定了如國際海上人命安全公約（The International Convention for the Safety of Life at Sea, SOLAS）、國際載重線公約（The International Convention on Load Lines, LL）、國際海上避碰規則（The Convention on the International Regulations for Preventing Collisions at Sea, COLREGS）、國際航海人員訓練、發證與當值標準（The International Convention on Standards of Training, Certification and Watchkeeping for Seafarers, STCW）以及國際搜索與救助公約（The International Convention on Search and Rescue, SAR）等相關公約，規範由船上的設備、航行規則、船員的訓練以及事故發生後之應變措施。

另外，近年來國際海事組織更強烈建議由區域組成一監督系統，簽訂區域備忘錄（Memorandum of Understanding, MoU），如巴黎備忘錄（Paris MoU）、東京備忘錄（Tokyo MoU）等，透過各國港口國管制（Port State Control, PSC）之執行，將原屬於各國自行檢查的相關項目，擴大由各個港口國來實施，並使這些檢查的資料得以在區域內傳遞。期能透過這些國際規範，使船舶航行更具安全，據以降低擱淺等事故發生的比例。

國際海上避碰規則

國際海事組織（IMO）的 1972 年國際海上避碰規則（International Regulations for Preventing Collisions at Sea, 1972，簡稱避碰規則）[3]，一如路上之交通規則，不僅提供當值航行員於海上避碰之指示以及碰撞發生後之責任歸屬劃分。其內容共分為五章 38 條條款，包括總則、操舵與航行規則、號燈與號標、音響航行燈、號燈與號標、音響信號與燈光信號，以及豁免條款等。

其中，總則中明確的規定航行員避免碰撞發生之責任；操舵與航行規則即指示船舶在能見度不同的情況下，為保持航行安全並避免碰撞發生所應採取的措施；號燈與號標、音響信號與燈光信號則分別規定船舶於各種情況所應顯示之號燈與號標以及音響信號與燈光信號等。根據避碰規則之規定，船舶之航行燈分別顯示左紅右綠；而根據船舶之相對位置，則可將兩艘船舶之碰撞情勢分為追越（Overtaking Situation）、迎艏正遇（Head-on Situation）以及交叉相遇（Crossing Situation）等三種。

3　1972 年國際海上避碰規則之航行規則，海洋數位典藏計畫 http://meda.ntou.edu.tw/martran/?t=3&i=0041

水翼船（Hydrofoil）、氣墊船（Hovercraft）、高速船（High Speed Crafts）、船舶檢查規則

水翼船管理規則第 2 條：「水翼船：指裝設有水翼，航行時可賴水翼所產生之提升力，使船身自水面升起而行駛之特種船舶。」

氣墊船管理規則第 2 條：「氣墊船：指利用船艇內連續不斷鼓風所形成之空氣墊，對其下方水面所產生有效反作用力，使船身自水面昇起，藉噴氣、空氣螺槳、水下螺槳或其他經航政機關認可之推進方式在水面航行之特種船舶。該船舶以一個或數個空氣墊自水面升起航行或駐停時，應至少能支持其本身滿載負荷百分之七十五之重量。」

高速船管理規則第 2 條：「高速船指依高速船安全國際章程及其修正案設計、建造，且船舶航行時最大船速在參點柒乘以設計水線時排水體積（立方公尺）之零點一六六七次方以上，以每秒公尺計（公尺／秒）之船舶。」

以上三種特種船舶基於安全，新船被要求作特別檢查，我國**船舶檢查規則**第 3 條規定：「船舶應分別施行特別檢查、定期檢查、臨時檢查。航行國際航線適用國際公約規定之船舶應依海上人命安全國際公約、防止船舶污染國際公約、船舶有害防污系統管制國際公約、海上避碰規則國際公約、海事勞工公約、特種用途船舶安全章程及其議定書、修正案規定施行檢查。」

10.2　自動識別系統

自動識別系統（Automatic Identification System, AIS）[4]，是安裝在船舶上的一自動追蹤套系統，藉由與鄰近船舶、AIS 岸臺，以及衛星等設備交換電子資料，並且供船舶交通系統（VTS）辨識及定位。當衛星偵測到 AIS 訊號，則會顯示 S-AIS。AIS 資料可供應到海事雷達，以優先避免在海上交通發生碰撞事故。

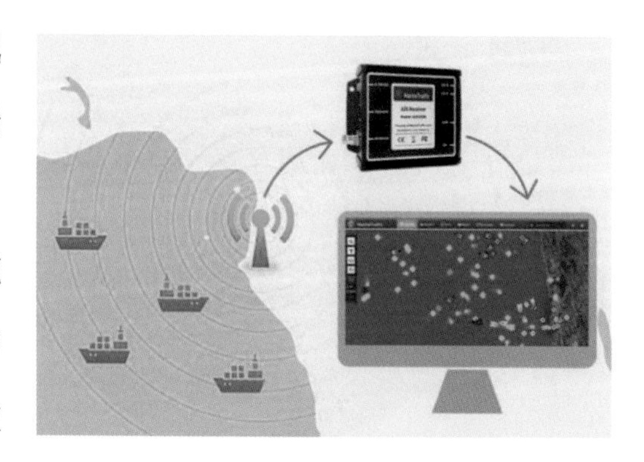

由 AIS 所發出的訊息包括獨特的識別碼、船名、位置、航向、船速，並顯示在 AIS 的螢幕或電子海圖上。AIS 可協助當值船副以及海事主管單位追蹤及監視船舶動向。AIS 整合了標準的 VHF 傳送器以及由 GPS（全球定位系統）或 LORAN-C 接收器所提供的位置訊息，以及其他的電子航海設施，例如電羅經或是舵角指示器。船舶裝有 AIS 收發機和詢答機時，可以被 AIS 岸臺所追蹤。或者當遠離海岸過遠時，可藉由特別安裝的 AIS 接收器，經由相當數量的衛星以便從龐大數量的

4　自動識別系統
https://zh.wikipedia.org/zh-tw/%E8%87%AA%E5%8B%95%E8%AD%98%E5%88%A5%E7%B3%BB%E7%B5%B1

信號中辨識船位。

國際海事組織中「國際海上人命安全公約」（SOLAS）要求航行於國際水域，總噸位在 300 噸以上之船舶，以及所有不論噸位大小的客船，要求均在 2002 年 7 月 1 日起安裝 AIS。

AIS 的基本構成系統

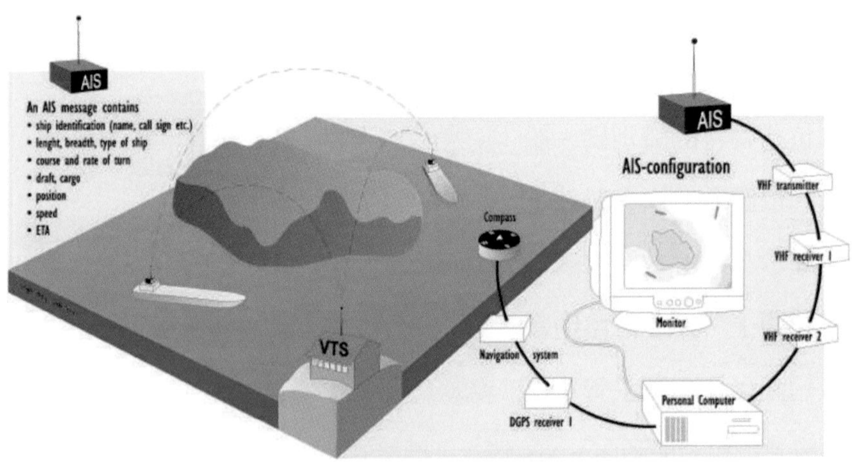

圖 16　自動識別系統（AIS）[5]

AIS 由各類臺站如船載 AIS 臺站、岸基 AIS 臺站、助航設備 AIS 臺站等，以及 VHF 通訊網路所組成。AIS 在導航、船舶監控、海上搜救訊息的收發、船舶狀態報告方面廣泛的應用，這些應用均使用

---

5 AIS
https://www.shinemicro.com/ais-overview/ais-2/

AIS 岸基系統，AIS 岸基系統由信號接受、信號傳輸和監控管理三部分組成。國際海事組織基於倡導全面提升船舶助航的能力和海上搜救能力建設的理念，船載 AIS 設備被訂爲強制裝備的船舶設備之一。

AIS 的各項應用

1. **引水導航的應用**：在船舶引水是預先通報船舶動態作爲登輪時點，但船況、海況可能影響實際使船舶提前或滯後到港，造成引水艇在海上漂航，AIS 及時訊息可改善引水業務的調派。
2. **VTS 方面的應用**：AIS 訊號可補充 VTS 雷達的工作範圍，運用 AIS 可對沿海船舶及錨泊情況進行監控，現況在港口是運用 VTS 和 AIS 系統對在港船舶進行監控。
3. **海事調查的應用**：AIS 透過 GPS、電子海圖及雷達等的連接和數據整合，能將 AIS 訊息在電子地圖與雷達上顯示，方便船舶在操縱及協調避碰的同時，獲取船舶運動軌跡與運動方向，發生事故時就存在 AIS 中，可供海事調查及評議使用。
4. **航標管理的應用**：AIS 是在 VHF 海上移動頻段傳輸數據，該傳播特性可補充傳統航標不足，整合的 AIS 航標可在 AIS 顯示器上全天候顯示。具有 AIS 船臺的船舶就可獲取浮標及航道狀況。
5. **海上搜救的應用**：當發生海上事故時，搜救中心要先向報告人及 VTS 收集當時附近區域的船舶動態，然後才能協調下指令給經過船舶進行現場搜尋救助，AIS 的使用讓船舶的靜態訊息（如 IMO

編號、呼號和船名、船舶類型等）、動態訊息（船首航向、對地船速、轉向率等），可即時供搜救中心作爲救難的決策使用。

6. **航行警告的應用**：如超大型船舶的長距離拖帶、沉船、擱淺等，以 AIS 系統的訊息廣播，使一定範圍內船舶同步收到警告訊息。
7. **漁業管理的應用**：AIS 的應用可對漁船的即時船位監測及動態管理，可以提高漁船管理（漁場糾紛）及海上搜救能力（海上碰撞）等，保護漁民權益。
8. **商業活動的應用**：利用 AIS 訊息、船舶信息、裝貨地、卸貨地、吃水等要素，推測散雜大宗貨、原油及液化氣等物資在全球內的流動，可提供大宗貿易、金融期貨、國際貿易政策等研究訊息。利用 AIS 紀錄船舶的航行歷史特徵，提供船舶性能指標、現況航線分析、貨櫃航線分析等。利用 AIS 及時船舶位置及貨櫃貨在港口各個節點、船公司轉運訊息，可提供貨物的單一窗口追蹤訊息。

AIS 的侷限性

1. 錯誤訊息及判斷：未按規範正確輸入靜態訊息和航次有關的訊息，而送出錯誤訊息，或船長將 AIS 關掉，是附近船舶發生錯誤的判斷。
2. 動態訊息誤差：動態訊息最主要是船速及位置訊息，低品質的傳輸及未校準的感測器，信號會有誤差；其他相關設備損壞也會產生誤差。

3. 設備異常：感測器配置差異、發送及接收天線的問題，導致收不到 AIS 信號，AIS 在工作過程中可能會出現地域死角，都會導致他船及本船的錯誤判斷。
4. 數據傳輸錯誤和延時：AIS 和 AIS 之間在傳送訊息過程時也會發生錯誤的訊息，發送訊息也會因時間間隔產生延時誤差。

全球導航系統（Global Navigation Satellite System, GNSS）[6]

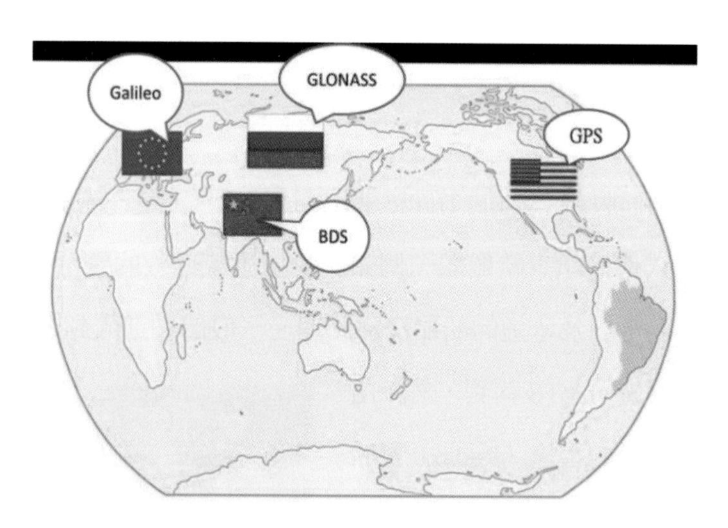

圖 17　全球導航系統種類 [7]

6　王亦勝，GNSS 超級比一比，科技大觀園 https://scitechvista.nat.gov.tw/c/sfqB.htm

7　http://w3.uch.edu.tw/ccchang50/gps_gnss_201503.pdf

全球導航系統（Global Navigation Satellite System, GNSS）是指美國全球定位系統（Global Positioning System, GPS）、俄羅斯的格洛納斯系統（Globalnaya Navigatsionnaya Sputnikovaya Sistema, GLONASS）、中國北斗衛星導航系統（BeiDou Navigation Satellite System, BDS）與歐盟的伽利略定位系統（Galileo）都可以算是一種 GNSS。未來 GNSS 在新興產業應用上，具有相當大的潛力，包括智慧城市、物流運輸、大數據分析與物聯網通訊等。

10.3 船舶交通服務

船舶交通服務（Vessel Traffic Service, VTS）[8]，是一種近岸系統以簡單的型式傳送訊息給船舶，例如船舶位置或危險的警示，現代以擴展使用至港口及水道的船舶交通管理。一般船舶進入到 VTS 管制區域時，會先向 VTS 報到，然後由 VTS 管制中心的雷達（Radio）對船舶進行追蹤。

船舶必須注意航行的常態或有哪些警示狀況並跟 VTS 聯繫，VTS

8 Vessel Traffic Service, IMO http://www.imo.org/en/OurWork/Safety/Navigation/Pages/VesselTrafficServices.aspx

操作員如認爲有意外事故風險產生，會對船舶交通流量進行管制，並對後續提出相關注意事項的建議。根據國際海事組織的 SOLAS 公約第五章有關海上安全規定，建議締約國在交通量大或有高風險的海域，設置提供船舶交通服務。

VTS 的發展

在 1985 年 11 月 20 日國際海事組織第 14 屆大會通過 A.578(14) 號決議「船舶交通服務（VTS）指南」，它說明交通管理服務的定義、功能及架構，可以視爲世界各國規劃、設計及實施船舶交通服務管理系統的國際標準，該項文件正式採用「船舶交通服務（Vessel Traffic Service, VTS）」代替各國使用的船舶交通管理「Vessel Traffic Management, VTM」，突出系統的「服務」宗旨，並在一定程度避開「管理」兩字的在義務或責任的異議。另外在 1985 年通過的「船舶交通服務（VTS）指南」，也規定「應注意 VTS 的實施不得侵犯船長對自船安全航行所負的責任，也不得阻擾引水人及船舶之間的傳統關係。」

1997 年 11 月 27 日，國際海事組織第 20 屆會員大會通過了第 A.857（20）號決議案—修訂後的「VTS 指南」，對 VTS 定義、基本原理和規劃組織進行詳細的闡述說明，增加了 VTS 操作員的錄取、資格及培訓的指南，同時廢止 1985 年第 A.578(14) 號決議案。

表 17 世界 VTS 的不同發展階段[9]

階段	發展內容
第一代船舶交通管理系統—19 世紀中葉	電報（1836 年）、電話（1876 年）、無線電（1895 年）的發明給通訊提供合適的設備，蘇伊士運河（1869 年）、基爾運河（1895 年）、（巴拿馬運河 1914 年）開通，如果把使用旗幟、燈光等視覺信號和電報、電話通訊來管理運河、江河及狹窄水道的交通管理。
第二代船舶交通管理系統—二次大戰後	雷達（1904 年）發明，1947 年最早港口雷達站設立在英國的墨西（Mersey）河的舊軍用岸基雷達站，對渡輪進行服務。1948 年英國利物浦港建立世界第一個用於港口監視的岸基雷達站，解決視線不良的條件下，水上交通管理問題，隨後建立岸 - 船聯繫，除信號指示系統外，船員與引水人還使用 VHF、FM 無線電話聯繫。
第三代船舶交通管理系統—20 世紀 60 年代後	大型船舶特別是巨型油輪出現，船速的提高，以及許多災難事件的發生，使 VTS 應用擴展到國際航道，1972 年美國舊金山建立以計算機自動運算訊息的實驗性 VTS，開始以電子計算機爲技術中心的高效率作業，並重視減少對水域環境的污染。
第四代船舶交通管理系統—20 世紀 90 年代	對區域交通環境和水域污染的監控，以及內外部訊息的協調、分配成爲主要任務。全球海上遇險安全系統、AIS 系統、海洋衛星系統、雷達技術的發展，使 VTS 進入網路化及跨區域。

9 李紅喜，《船舶交通管理系統》，大連海事大學出版社，2012，大連。

VTS 定義

依據國際海事組織第 A.857(20) 號決議案對 VTS 的重新定義爲「船舶交通服務是由一個適任的主管機關所實施，用於增進船舶交通安全和提高交通安全效率，以及保護環境的服務」。

VTS 目的

國際海事組織的「船舶交通服務指南」指出，船舶交通服務的目的是爲了提高航行安全和效率及海上人命安全，加強環境保護，減少海岸、施工現場和近海設施，可能對海上交通產生的不利影響。VTS 的有效實施能夠對船舶進行識別及監視，爲船舶動態做出合適的規劃提供航行訊息及幫助，還可以幫助防止污染和對處理污染進行協調。

另外 VTS 亦有助於監控、保護助航設施，處理海上事故逃逸、支持海上船舶保全、安全宣導活動。有利上商業貿易、提高海上航行安全及改善環境保護作爲，同時也提高港口的服務品質。而 VTS 的有效性取決於通訊的可靠性及連續性，提供清楚及正確的訊息。

VTS 設施

VTS 水域的交通密度、航行危險、本地氣候條件、地形，以及 VTS 的服務範圍決定對 VTS 設備的需求。最簡單的由一部雷達及一臺 VHF 無線電話組成，大型港口有通訊設備、監視設備及住行設施，並建有船舶動態報告系統和系統中心。

VTS 硬體設備一般包括 VHF 設備、岸基雷達、岸基 AIS、氣象水文設備、數據處理系統、訊息傳輸設備及網路系統、管理資訊系統、紀錄重播放系統，以及大尺寸投影設備等。通訊設備主要包括船岸高頻無線電話，以及電話、傳真、燈光信號、語音廣播等。

高雄港船舶交通服務系統（VTS）[10]

VTS 人員錄取、資格和訓練

保證 VTS 中心能有效運作的主要因素是擔任人員的適任，VTS 人員培訓的目的爲：確保 VTS 操作人員有能力提供 VTS 服務；另一爲 VTS 人員經過標準訓練後，能提供與世界運作一致的通訊與作業

---

10 高雄港船舶交通服務系統
https://kh.twport.com.tw/chinese/cp.aspx?n=B51338D078EA86AB

程序。VTS 人員不僅依賴其航海經驗，更需要透過專業知識來提供服務，缺乏必要的專業知識，有可能使操作效率低落，甚至承擔法律責任。

國際海事組織的 A.857(20) 決議關於 VTS 人員的內容主要是其附件 2「VTS 操作員的錄取、資格和培訓指南」[11]，要求根據該指南提供服務的類型和等級，VTS 當局提供有足夠、具適任資格，並經過適當培訓能夠執行要求任務人員，該指南並要求操作員具有的技能及知識資格，以及 VTS 當局如何錄取、選拔人員、培訓來執行任務，以達到所要求的 VTS 人員標準。

VTS 人員培訓和發證標準

國際燈塔協會（IALA）於 1998 年 5 月，通過「VTS 人員培訓和發證標準建議案」，簡稱 V-103 建議案 [12]，該建議案以附則的形式，提出「VTS 人員培訓和發證標準」，IALA 提供一系列的出版物來推薦標準和指南。

11 GUIDELINES FOR VESSEL TRAFFIC SERVICES http://www.simonescuola.it/areadocenti/s828/A857(20)_Guidelines_for_Vessel_Traffic_Services.pdf

12 Vessel Traffic Service Operators Training V-103/1 https://www.iala-aism.org/product/vessel-traffic-service-operators-training-v-1031/

船舶交通服務的歷史（History of Vessel Traffic Service）[13]

船舶交通服務觀念的出現是因爲對船舶交通管制的需要，不僅是對單一船舶，也是對同時出現在同一區域的的眾多船舶而言。海運航線比以往更加使用頻繁，而海上事故風險也更愈增加，世界第一個船舶交通服務是 1949 年在英國利物浦港誕生，從這個港口開始推廣至歐洲各地。

英國利物浦港 VTS 控制室 [14]

13 What are Vessel Traffic Services?
https://www.marineinsight.com/marine-navigation/what-are-vessel-traffic-services/

14 Expanded VTS for Port of Liverpool
https://www.maritimejournal.com/news101/onboard-systems/navigation-and-communication/expanded_vts_for_port_of_liverpool

在美國是由海岸巡防隊（Coast Guard）開始負責管理海上交通，船舶交通服務是在 1980 年代開始設置，美國在 1971 及 1972 年通過兩項有關「橋對橋通訊及港口水道安全的法案」（1971, the Bridge to Bridge Radiotelephone Act and The Ports and Waterways Safety Act of 1972），被視爲催生美國 VTS 的開端。1950 年第一個使用雷達的 VTS 在加州長堤港設立。

延伸學習及討論

一、試討論海上交通量調查與陸上交通量調查有何差異。

二、請說明海上安全有關船員的規定內容是什麼。

三、請討論全球衛星導航系統的功用。

四、請說明 AIS 的應用範圍及管理上作用。

五、請討論 IMO 對 VTS 的定義及服務

六、試討論 IALA 對 VTS 人員的培訓課程內容。

七、試討論 VTS 在臺灣港口的應用及管理情形。

第十一章 貨櫃航運

傳統的貨物運輸是採用什雜貨的方式，其貨物種類多、包裝型式多、重量各個相異，很難適用現代國際貿易貨物的機械化和自動化的生產與運輸，雖然後續有單元化成組包裝、棧板等將貨物集裝作爲單位運輸單元以節省勞力，但在國貿易涉及跨國不同運輸工具的搬運轉運需要，爲了擴大運輸單元及貨物搬運作業效率，於是貨櫃運輸的趨勢應運而生。

11.1 行業特性

貨櫃航運（Container Shipping）所使用的貨物運輸工具之一是貨櫃（Container），其定義依財政部「海關管理集散站管理辦法」第 2 條：「本辦法所稱貨櫃，指供裝運進出口貨物或轉運、轉口貨物特備之容器，其構造與規格及應有之標誌與號碼，悉依國際貨櫃報關公約之規定。貨櫃內裝有貨物者，稱實貨櫃；未裝有貨物者，稱空貨櫃；實貨櫃內所裝運之進口、轉運、轉口

貨物如屬同一收貨人，或出口、轉口貨物如屬同一發貨人者，爲整裝貨櫃；其進口、轉運、轉口貨物如屬不同一收貨人或出口、轉口貨物不屬同一發貨人者，爲合裝貨櫃。」

貨櫃運輸的特點

1. **高效益的運輸方式**：簡化貨物包裝方式，採用封閉式貨櫃可減少貨物損壞、盜竊，便利不同貨主的貨物併裝與分裝，貨櫃貨物可對貨主採取戶對戶（Door to Door）及門接、運送。
2. **高效率的運輸方式**：貨櫃裝卸及運輸受氣候影響小，單位運輸式的搬運過程適用機械或自動化作業，可節省船舶在港時間，船舶使用的周轉率增加，增加船舶的運輸收益。
3. **高投資的運輸方式**：船公司對貨櫃船要進行巨額投資，購置或租用數量龐大的貨櫃供貨主使用，在港口碼頭與貨櫃集散站要準備拖車、車架、貨櫃場及相關作業機具、維修廠、資訊設施、辦公室等。
4. **高協力的運輸方式**：貨櫃運輸過程涉及單位及法令的環節多，是一項複雜的運輸工程，貨櫃運輸系統涉及海陸空運、港口及儲運站，以及與海關、商檢、船務及貨運代理等機關與部門。

貨櫃運輸的發展趨勢

1. **貨櫃船舶大型化**：貨櫃船從早期 1956 年由雜貨船改裝 58 個貨櫃

到今日已達24,000TEU[1]載運櫃量的超大型貨櫃船，對船公司的營運規模、聯營方式及彎靠港口選擇、作業機具及方式，有重大的影響。

2. **貨櫃碼頭大型化**：隨著船舶大型化，航道及碼頭水深條件成為船公司選擇港口的重要因素，因為超大型貨櫃因貨源規模及作業條件限制，彎靠港口數減少並集中於少數港口，因此港口要成為樞紐港（Hub Port），其碼頭水深要深水化、場地要大型化、機具要自動化，才能有效率的運作。
3. **國際貨櫃運送改變**：過去船舶採用多站式的彎靠港口以承攬貨物，今日由於船型規模變大，國際貿易貨物生產及消費地多元化，船舶航線安排少數樞紐港與多數集貨港（Feeder Port）的航線組合，以符合國際物流少量多批次發貨運輸要求。
4. **技術自動化的應用**：由於航運業是依賴國際經濟的發展幅度，運費收具有很多變數，其成本控制相當重要，而其運輸作業流程涉及文件、處理單位眾多，不論是裝卸作業、船舶及貨櫃管理、帳務處理需要快速的資訊及通訊技術來支援。

海運貨櫃營運規劃作業

由於海運貨櫃運輸投資大、固定成本大、市場競爭激烈，因此船

---

1 TEU（Twenty-foot Equivalent Unit），是將各式貨櫃換算為20英呎標準尺寸單位。

公司在進行船舶航行規劃時，需進行投資風險分析、市場預測，對船舶調派及管理，以提高船舶運輸效率和增進企業收益。貨櫃船主要營運規劃包括航線派船、確定基本港和編制船期表[2]：

1. **航線派船**：就是規劃貨櫃船舶在各航線上的合理分配，即是合理的配置船型、規模及數量，使滿足航線的技術與營運上的需求。事先要了解航線上的貨源種類、數量、流向，以及市場競爭、當地政府對攬貨限制情況。指派船舶條件要能與當地航道水深、裝卸作業條件、航行限制（隧道、橋梁、架空纜線等）相配合，配合船速適量增減船舶數量以維持航班服務品質。
2. **確定基本港**：所謂基本港是定期船靠港，其港口設施現代化程度較高、進出口貿易及海運需求較大，是具有相當規模的港口，對於不同的船公司及航線，其標準會有不同的差異。
3. **編制船期表**：船公司制定並公布船期表，有利船公司及代理攬貨，便於貨主了解貨運市場及服務；有利船舶、港口及貨物及時銜接，縮短滯港時間提高作業效率。貨櫃船的船期表主要內容爲航線編號、船舶名稱、航次編號、結關時間、彎靠港名及到離港預定時間，其他有關事項等。編制船期表還需注意考慮船舶數量、船舶規模、航速、彎靠港口數量、工人工作制度，以及與其他運輸方式時刻配合等因素。

2　李青、孫軍，《集裝箱運輸管理》，電子工業出版社，2013，北京。

在我國「航業法」第 13 條規定：「船舶運送業經營固定航線，應依登記之航線及船期表，從事客貨運送。船舶運送業經營國內固定客運航線，非有正當理由，不得減班或停航；減班或停航時，應於減班或停航三日前報請航政機關備查，並於營業場所公告及利用電信網路、新聞紙或廣播電視等方式周知乘客。但因不可抗力因素不及報請備查者，應即時周知乘客，並於事後三日內報請航政機關備查。」

貨櫃櫃務管理

海運貨櫃運輸是以國際標準的貨櫃爲主體，由於貨櫃數量龐大、流向複雜，要及時掌握貨櫃的動態是一項複雜的管理業務。如果管理混亂會導致貨櫃流失、延誤返還，造成重大經濟損失，影響正常的業務運作。櫃務管理涉及貨櫃的配置、租賃、調撥、保管、交接、發放、檢驗及修理等工作。其中空櫃的調度涉及進出口貨源的不平衡，船公司會利用回程船班或各聯營船公司閒置艙位運回。

碼頭貨櫃起重機（Ship-To-Shore Container Crane）

「橋式貨櫃起重機」一般簡稱爲橋吊或岸橋，是設立在港口碼頭前緣、固定在地面軌道上運行，藉由高空的吊臂延伸至海面的船舶，用來裝、卸貨櫃的特殊起重機具，這是一種貨櫃吊車，在貨櫃碼頭常見的巨型設施，豎立在碼頭的水岸邊緣。近年來隨著貨櫃船舶大型化趨勢，港口的貨櫃起重機規格也跟著提高，碼頭地面的應力負重、起重機高度及跨距等也隨之加大，現代貨櫃起重機操作會設置電腦輔助設備以協助操作正確依序裝卸貨櫃。

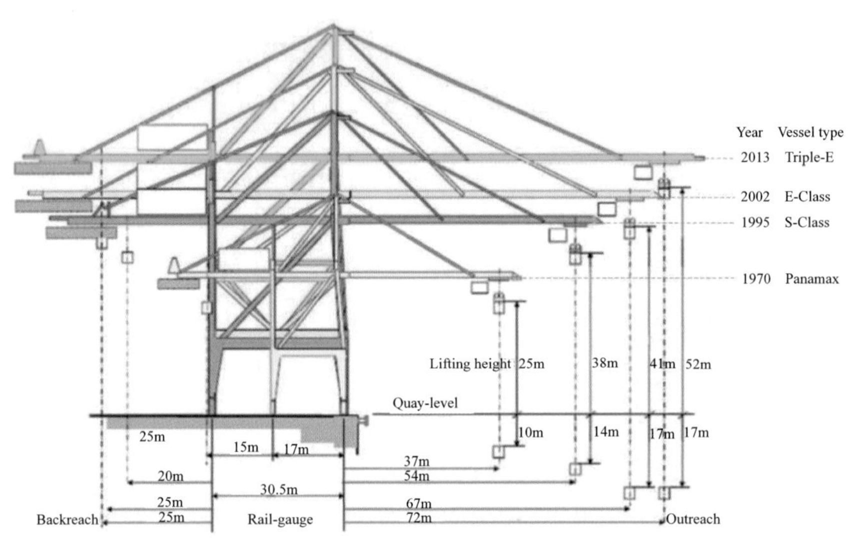

圖 18　碼頭貨櫃橋式起重機的演進[3]

11.2　海運物流

航運業運送貨物如爲跨國運送，廣義上屬國際物流（International Logistics）作業的一環，海運物流（Maritime Logistics）是船舶從港口至港口（連接不同運具延伸至內陸）的貨物運送管理及相關作業規

3　Bigger Containerships Means Bigger Gantry Cranes
https://gcaptain.com/bigger-containerships-gantry-cranes/

劃，其中涉及到不同的運送人、貨物承攬業、裝卸及理貨業、報關及倉儲運送業等。

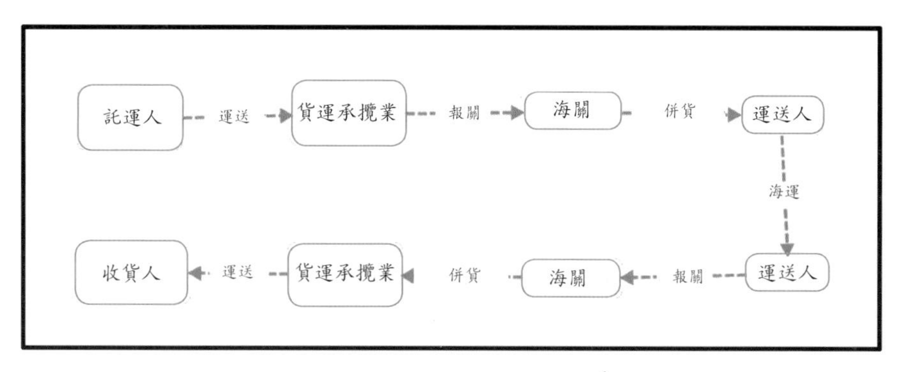

圖 19　國際物流作業方式[4]

定期船公司由於採用貨櫃這一標準運輸工具，使得其展開高效率物流服務成爲可能，也觸發港口貨櫃碼頭展開物流業務。航運市場的一大特點是影響因素多、運能供需波動起伏大，爲消除這種不確定性，航運業有必要進行第三方物流（Third Party Logistics）的服務，即以特定的長期客戶爲服務對象，透過客製化的服務，與大型貨主結合成策略聯盟。[5]

航運業在各港口的碼頭進行貨櫃運輸作業，海運物流成爲港口

4　Sea Freight Shipping from China – TFG Ultimate Guide https://www.tradefinanceglobal.com/freight-forwarding/sea-freight-shipping-from-china/

5　趙一飛，《航運與物流管理》，上海交通大學出版社，2004，上海。

城市和區域融入全球經濟的重要路徑，例如鹿特丹、安特衛普、新加坡、香港、上海等。物流在全球的主要表現爲有形商品流在海港這個運輸節點集散，和連接陸上區域的生產、運輸及配送。

表 18　世界著名航運公司物流部門

航運公司	網址
APL Logistics	https://www.apllogistics.com/
CMA CGM Logistics	http://www.cmacgm-log.com/
COSCO Shipping Logistics	http://www.cosco-logistics.com.cn
Evergreen Logistics	https://www.evergreen-logistics.com/
Maersk Logistics	https://www.maersk.com/
MSC Logistics	http://www.msclogistics.com/
OOCL Logistics	https://www.oocllogistics.com/
Yusen Logistics	https://www.yusen-logistics.com/en/
Yes Logistics	https://www.yeslogistics.com/

從企業的角度，供應鏈全球化展現爲三個方面，這樣產品鏈的採購、生產及配銷等一系列構成的供應鏈跨越國界：

1. 採購的全球化，向國外供應商採購生產所需的原料和資源成爲企業供應鏈的重要部分。
2. 生產的全球化，在世界各地尋找最佳的生產基地。
3. 銷售的全球化，銷售市場從本國擴展到全世界。

海運物流作爲全球物流網路的重要組成部分，已成爲供應鏈（Supply Chain）中重要的一個環節，其中面臨環境的重大變化：

1. 海運物流的運作日益複雜，參與分子及作業範圍不斷擴大。
2. 海運物流體系中的船公司透過物流鏈的垂直整合，以及橫向航業兼併、聯盟方式不斷變強大，對港口服務的議價能力增強。
3. 海運物流的碼頭運作環境不穩定，船公司航線的網路規劃受聯盟協議的異動及大型貨主物流總成本考慮等因素。
4. 船舶大型化趨勢加大船公司在港口碼頭的投資風險。

從海洋運輸到海運物流的變化，海運物流不再是單純的船舶、航線、港口之間的互動關係，而是一種基於生產商、運輸商與供應商之間的海陸雙向互動空間，以及服務價值鏈相連接。從廣義的物流意義，以及物流與海運整合的理念，海運物流可定義[6]：「是指爲滿足客戶的需求，在需要經過海運的發送地到最終收貨地之間，使貨物（原材料、半成品和成品）、服務和相關訊息的流動和儲存能有效率和有效果的規劃、實施和控制之過程。」

---

6 莊佩君，《海運物流與港口城市——區域發展》，科學出版社，北京。

圖 20　海空國際物流作業方式[7]

海空聯運（Sea-Air Shipping）

海運物流依貨主需求也會結合空運的快速特性，針對長程貨物運輸，若是空運費用太高，海運所需時間又太長，即可考慮採用這二者併用的運輸服務。如爲配合亞洲區的發貨人，貨物會首先以海運方式，運到杜拜、洛杉磯、邁阿密、巴拿馬或韓國釜山的港口，然後再以空運方式轉運至歐洲、美國和拉丁美洲等目的地機場。

臺灣現在海空聯運計畫。運作方式係將國際貨物運至臺灣，藉由地利之便，以臺北港倉庫爲儲存中心，同步進行貨物拆理、分裝、貼標等集併貨作業，並於完成後再以最快速度送至桃園機場，以空運配

7　Sea Air - ship then fly
https://www.ae.dsv.com/air-freight/sea-air-product

送至目的地。桃園國際機場與臺北港相距僅 20 公里、25 分鐘車程，爲有效率地結合海、空運輸能量，發揮海空雙港（桃園機場、臺北港）及自由貿易港區等區位優勢條件，現由臺灣港務公司及桃園機場公司合作推動。

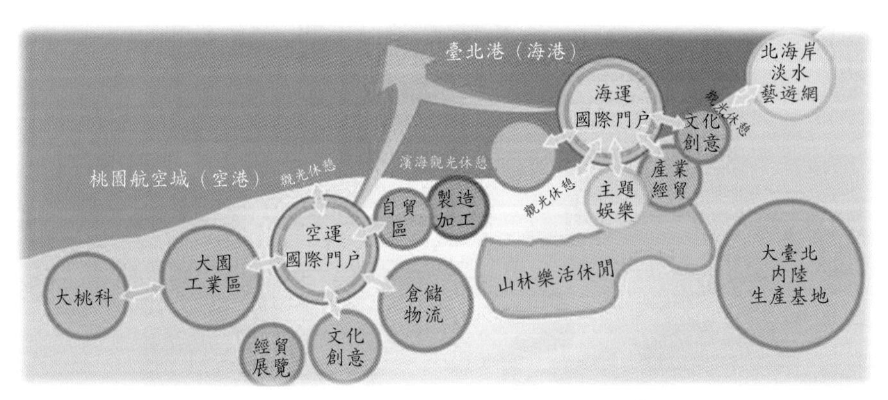

圖 21　海空聯運－雙港運籌模式 [8]

港到戶運輸服務（Port to Door Service）

指航運物流業者對貨主提供一站式服務（One Stop Service），通常是國際船舶運送人和第三方物流業者的合作，將貨物運送到客戶所在地的物流處理及運送服務。傳統的航運服務是出口港口運送到進口港（Poor to Poor）在港口船邊進行貨物交接，後續發展到包括到內陸

8 https://maxma1313.pixnet.net/blog/post/165397608-%E8%88%AA%E7%A9%BA%E5%9F%8E%E8%A8%88%E5%8A%83

運輸倉儲的加值服務，如物流服務是從國外託運人開始至本國收貨人爲止，亦稱爲戶對戶服務（Door to Door）。

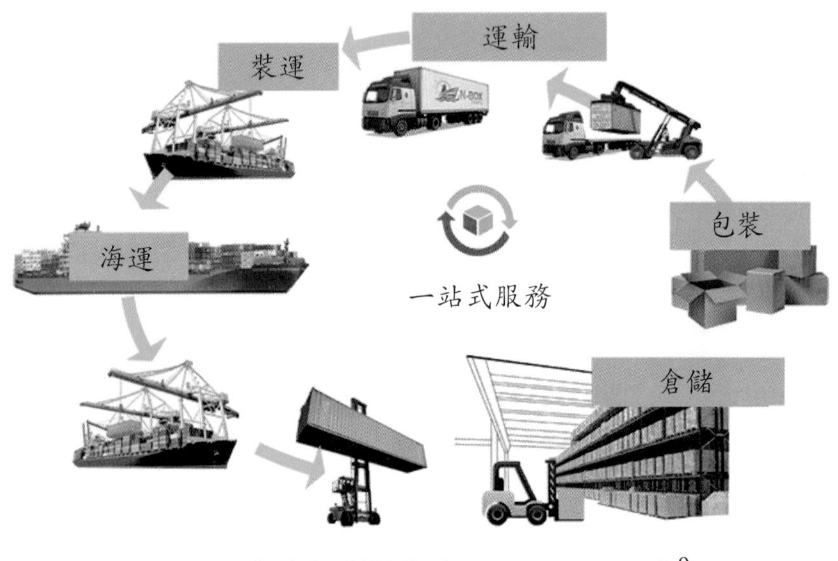

圖 22　港到戶運輸服務（Port to Door Service）[9]

11.3 貨櫃碼頭

貨櫃港口是指包括港池、錨地、進港航道、船席等水域，以及貨櫃場、貨運集散站、碼頭前沿、辦公活動場所之陸地區域。貨櫃碼頭是水陸運輸的連接點，是貨櫃貨物轉換運輸方式的緩衝地，也是貨物

9　Port -to -Door Service
http://www.nboxlinemm.com/services/port-to-door/

的交接點。

船席（碼頭）是供貨櫃船舶停靠和作業的場所，通常有三種形式：順岸式、突堤式和棧橋式，貨櫃碼頭通常採用順岸式，除要有足夠的水深和碼頭長度外，還要有繫船（纜）柱及碰墊。

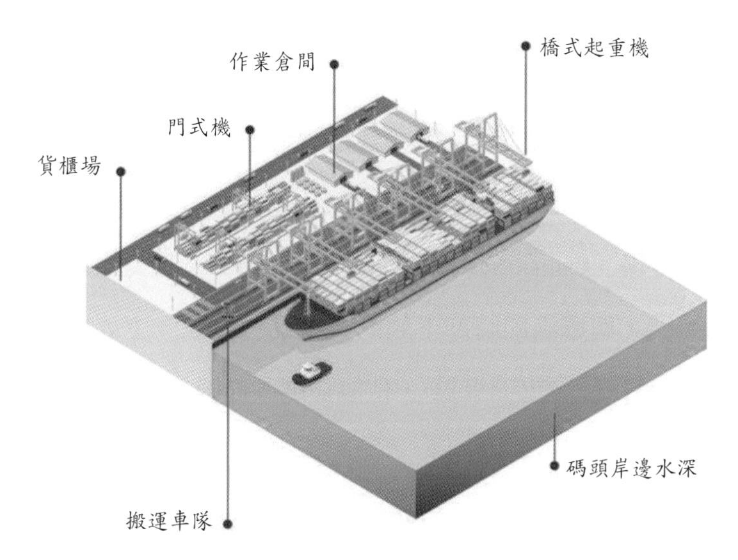

圖 23　貨櫃碼頭基本設備布置 [10]

貨櫃碼頭基本設施 [11]

1. **船席（Berth or Wharf）**：靠船設施主要由碼頭岸線和碼頭岸壁組

---

10 New container terminal of 5 million TEUs capacity inaugurated in Marocco https://safety4sea.com/new-container-terminal-of-5-million-teus-capacity-inaugurated-in-marocco/

11 武德春、武驍，《集裝箱運輸實務》，機械工業出版社，2017，北京。

成，碼頭岸線是供靠港裝卸的船舶停靠使用，長度依據所停靠目標船舶的技術參數及有關安全規定而定。碼頭岸壁一般指船舶停靠時所需要的繫船設施，岸壁上設有繫船柱，靠船時用纜繩將船栓住，爲使岸壁不受碰撞損壞，岸壁會設置防撞碰墊，是以橡膠材料製作。

2. **碼頭前沿（Frontier）**：指碼頭岸壁至貨櫃調度場之間的碼頭區域，有設置岸邊橋式起重機與其活動軌道，寬度視起重機的跨距與其他裝卸機具種類而定。
3. **貨櫃調度場（Container Marshalling Yard）**：供貨櫃即將裝船的排列待裝，與準備即將卸下船的貨櫃儲放位置，主要確保船舶裝卸作業能持續迅速而不間斷，位置在碼頭前線及貨櫃場之間。
4. **貨櫃場（Container Yard）**：進行貨櫃交接、貨櫃儲放及安全檢查，有的包括貨車架的停放場所，其面積大小應根據設計船型的裝載能力及到港的船舶密集度、裝卸工具及技術而定。
5. **貨櫃集散站（Container Freight Station, CFS）**：是進行貨櫃貨物拆併櫃的場所，設置地點有分內陸及港口，主要進行進口重櫃的拆櫃及交貨、出口重櫃的收穫及併櫃工作。
6. **維修廠（Maintenance Shop）**：是對貨櫃提供檢查、修理和保養的場所，以保障貨櫃在作業過程順利，其規模視貨櫃損壞率及使用裝卸車輛及機具種類數量等決定。
7. **控制塔（Control Tower）**：是貨櫃碼頭的作業指揮中心，負責監視及指揮船舶裝卸作業、貨櫃場堆疊作業，控制塔一般設在最高處並設有監視設備。

8. **管制站（Gate）**：是貨櫃碼頭的出入口，也是劃分碼頭管理單位與其他部門責任的交界處，所有進出貨櫃中心的貨櫃在此處進行檢查，並辦理交接手續及製作有關單據，這也是碼頭管理資訊化的資訊數據的主要來源。
9. **貨櫃碼頭辦公室（Container Terminal Building）**：辦理行政及業務的場所，基本都設置管理資訊系統，以達到管理的自動化。
10. **貨櫃清洗場（Container Washing Station）**：對貨櫃污物進行清掃、沖洗，以確保空櫃符合使用要求，一般設在後方配備多種清洗設施。

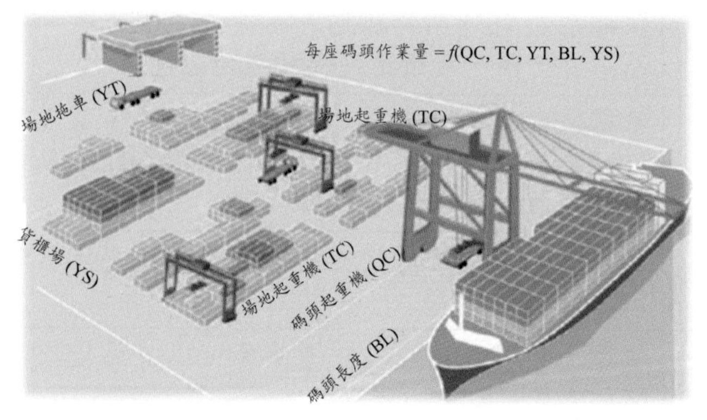

圖 24　影響貨櫃碼頭作業效率因素[12]

12 Variables at container terminal
https://www.researchgate.net/figure/Variables-at-container-terminal_fig2_277579840

貨櫃碼頭的作業能量涉及一些設計因素考量，需各個作業單元整體協調配合，每座貨櫃碼頭的生產作業量（Throughput）可視爲岸邊起重機、櫃場起重機、櫃場拖車、碼頭長度、貨櫃場面積的整體作業的整合函數。依規劃設計船型決定每座碼頭長度及前沿水下的深度；碼頭前沿的橋式起重機數量及跨距大小，決定可提供作業的船舶大小及每小時裝卸櫃數：貨櫃場面積大小、櫃場起重機種類及數量、貨櫃排列方式決定貨櫃場的儲運作業能量，櫃場拖車數量及調度方式決定貨流的效率，因此每船作業前的計畫製作及協調會影響貨櫃碼頭的生產效率。

表 19 貨櫃碼頭的基本作業項目

基本作業	作業項目
船席規劃	依據船公司近期的船期表整理作業計畫表，繪製日夜船席安排圖，後續進行機具場地配置。
配載	依據貨櫃船的最大容量及預定裝卸的櫃重及種類，進行預先配艙及繪製計畫積載圖，避免翻艙動作，注意危險品櫃及特殊櫃的位置。
管制站	碼頭與拖車進行貨櫃交接，繳交設備交接單及裝卸貨紀錄。
貨櫃場	依據面積及裝卸機具作業高度，進行場地堆存高度及儲放方式規劃。
控制	依據作業計畫表進行人員與機具的配置、作業任務協調，以確保作業安全及效率。
理貨	裝卸船的理貨作業，核對裝卸清單、艙單，確認艙位及作業順序表進行理貨，如有破損並作成紀錄，有貨櫃加載、退關要有書面單據爲憑。

貨櫃中心作業過程（Container Terminal Operations）

港口碼頭的貨櫃中心一般由三大部分作業場地組成：碼頭岸邊（Quayside）、貨櫃場（Yard）、管制站（Gate），岸邊設有起重機進行海陸之間的貨櫃裝卸作業，位於碼頭後線的貨櫃場各劃設有進、出口櫃及轉口櫃區域，是貨櫃提領前的暫時儲轉地區，管制站是拖車進出貨櫃中心進行貨櫃作業的文件及交接手續辦理場所，這三者的作業聯繫影響整個貨櫃中心的作業效率。

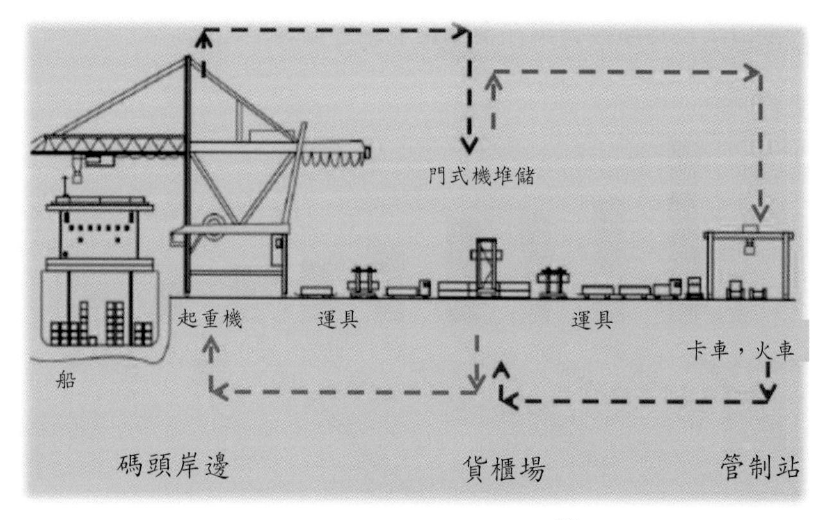

圖 25 貨櫃中心作業過程 [13]

---

13 Schematic representation of a container terminal layout
https://www.researchgate.net/figure/Schematic-representation-of-a-container-terminal-layout-10_fig1_273633205

11.4 國際性投資

21 世紀中葉以後，隨著交通、通訊及生產技術的發展，全球化（Globalization）成爲社會最深刻的變化，其中以貿易、全球資本流動爲代表的經濟全球化對世界影響最大，1960 年代興起的貨櫃運輸，隨著全球化的貿易生產格局，貨櫃運輸成爲貨物在全球流動的最佳運輸工具，航運業在全球布局密集的運輸網路，貨櫃碼頭作爲海運運輸網路的節點，也開始在世界各港口迅速發展，其中就包括航運業、港口業及資產投資業在全球各地進行投資營運。

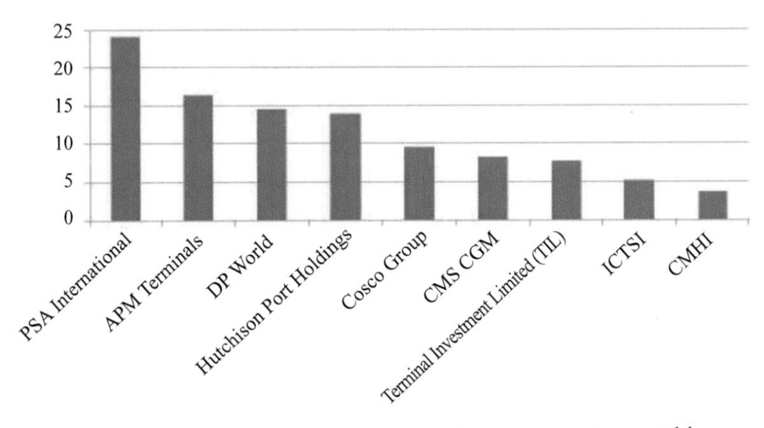

圖 26　全球貨櫃碼頭營運商計畫營運能量（2019）[14]

---

14 Rising Demand & Big Ships Driving Container Port Investment Boom http://maritime-connector.com/rising-demand-and-big-ships-driving-container-port-investment-boom/

例如以本地碼頭經營爲基礎在全球拓展碼頭業務的新加坡港務集團（PSA）、杜拜世界港口集團（DP World）、上海國際港務集團（SIPG）、以航運爲本業卻在全球開展碼頭業務的航運企業，如馬士基（MAERSK）的 APM Terminals、中遠洋海運（COSCO Group）；以及看重貨櫃碼頭資產成長性，而進行全球貨櫃碼頭投資的專業化碼頭企業，如和記黃埔港口控股公司（Hutchison Port Holdings, HPH），因全球化的發展，在 20 世紀 80 年代各國逐漸放鬆對港口的營運許可及外資管制，爲國際性貨櫃碼頭營運業提供了往外投資及營運發展的機會。

國際化的策略

所謂國際化策略是指企業將具有價值的產品或技能轉移到國外的市場以創造價值的的策略，具體包括四種不同的類型[15]：

1. **國際策略**：企業將具有價值與技術轉移到國外的市場以創造價值的策略，是轉移在母國創造出具有差異化產品到海外市場進耳創造價值。
2. **多國本土化策略**：根據不同國家的不同市場，提供更能滿足當地需要的產品和服務，也是將自己國家發展出的產品和服務轉移到國外市場，並且在重要國家的市場從事生產經營活動。

---

15 殷明、章強，《集裝箱碼頭組織與管理》，上海交通大學出版社，2015，上海。

3. **全球化策略**：指面向全世界的市場推銷標準化的產品和服務，並在較有利的國家集中進行生產經營活動以獲得高額利潤，主要是爲了實施成本領先策略。
4. **跨國策略**：是在全球激烈競爭的情況下，形成以經驗爲基礎的成本效益和區位效應，轉移企業內的特殊競爭力，同時注意當地市場的需要；爲避免外部市場的競爭壓力，母公司與子公司、子公司與子公司的關係是雙向，互相提供產品與技術。

海外投資的區域選擇

在全球範圍內具體選擇那個區域進行投資是貨櫃碼頭營運商必需要高度考慮重視問題。應該有三方面基本的考量：世界貨櫃運輸航線的分布，很大程度取決於世界各區域經濟發展情況；港口規模經濟效益和貨櫃船舶大型化，推動全球貨櫃航線幹線軸心化和支線的連接性；就總體經濟發展，歐美地區市場具有穩定趨勢，東南亞、南亞及南美具有成長性。

貨櫃碼頭的分布主要依據貨櫃航線的分布，貨櫃碼頭和貨櫃航線的存在意義，在於將世界各地的貨物快速的流通，而貨量的多寡的關鍵因素在於該地區的經濟發展狀況，貨櫃碼頭自然因貨量充足而業務量成長，因此拓展海外貨櫃碼頭要注意是否有良好的經濟發展狀況。

由於規模經濟效益的存在，無論是貨櫃碼頭或貨櫃船舶都在追求規模化及大型化，也成爲當前貨櫃航港業務發展的重要特徵，也促成航線往軸心樞紐集散（Hub-Spoke）的發展，貨物會往主流航線的港口聚集，因此在海外拓展首選投資區域，應在貨櫃運輸主幹航線上或靠近航線幹線上。

就各國經濟發展情形，已開發國家有長期經濟發展基礎累積，很少有大幅成長或衰退情形發生；開發中國家發展成力量強，對貨櫃裝卸需求大，但也有潛在的政經風險存在，因此在選擇海外投資區域時，要根據自己的風險認知和風險可承受情況，以具體分析選擇投資區域的優先次序。

全球性貨櫃碼頭營運商（Global Container Operator）

全球貨櫃碼頭營運商是在世界各地港口經營貨櫃碼頭替航商處理貨櫃裝卸及物流運輸業務，並獲取各項代理服務報酬。

表 20　全球主要貨櫃碼頭營運商

營運商	網址
PSA SINGAPORE	PSA Corporation Limited https://www.singaporepsa.com/
APM TERMINALS Lifting Global Trade.	APM Terminals https://www.apmterminals.com/
DP WORLD	DP World https://www.dpworld.com/

營運商	網址
HUTCHISONPORTS Hutchison Port Holdings Trust	Hutchison Port Holdings Trust https://www.hphtrust.com/
COSCO SHIPPING	China COSCO Shipping www.coscoshipping.com
CMA CGM	CMA CGM Terminals https://www.cmacgm-group.com/en/group/at-a-glance/terminals
TiL Terminal Investment Limited	Terminal Investment Limited https://www.tilgroup.com/

延伸學習及討論

一、試討論貨櫃的種類及其不同用途。

二、貨櫃船的建造發展趨勢有何不同階段的特性。

三、請說明航運業涉入國際物流範疇的緣由。

四、試討論世界著名航運公司的物流部門作業特性。

五、港口貨櫃中心有哪些重要基本設施及功能？

六、試說明貨櫃中心的作業流程及注意事項。

七、請討論貨櫃中心自動化的趨勢及影響。

八、試比較幾個國際貨櫃碼頭營運商的發展差異。

九、海外投資貨櫃碼頭有哪些方式？有何投資風險？

第十二章 國際郵輪

近年世界郵輪市場開始由北美歐洲向亞太地區發展，特別是亞太地區具有豐富旅遊資源及人文景觀，新加坡及香港是最早建設郵輪中心設施的港口，上海也開發北外灘郵輪中心、吳淞口國際郵輪港及外高橋郵輪碼頭，基隆港郵輪旅客 2019 年達到 94 萬人次，高雄港國際客運中心 2020 年底完工，其他亞太港口正競爭此一新興旅遊市場。

12.1 郵輪起源與發展

郵輪（Cruise Ship）也稱爲郵船，在郵輪發展的早期，郵輪指航行於大洋固定航線、定期航班的大型郵務船、客運船舶，主要是郵政部門專用的跨洋交通工具，並且同時展開旅客運輸。現在郵輪是專指主要航行於各大洋固定或不固定航線、定期或不定期的豪華客船，實際上郵輪已成爲乘客在船上遊樂場所，而不僅是交通工具。

郵政是指國家經營的以傳遞信函爲主的通信事業，是國民經濟的一個重要部門，屬於交通業範圍對社會政治、經濟、文化有相當的作用。英國皇家郵輪／郵船這個名稱可從 1840 年開始使用，通常皇家郵船的英文縮寫型式爲「R.M.S.（RMS）」。

郵輪旅遊（Cruise Tour）是指以郵輪作爲交通工具，兼具旅館住宿、餐飲供應以及休閒娛樂場所等多種功能，進行相關觀光、旅遊、觀賞風景文物等旅遊活動。郵輪改變航空器及陸上交通工具無法載運遊客到達島嶼地區的情形，提高這些地區的可及性及安全性。

英國鐵行公司（P&0）於 1950 年代的「Strathaird」郵輪 [1]

現代郵輪因爲是以乘客旅遊爲主要目的，除船上豪華設施外，在停靠港口城市也有選擇的基本要求 [2]：

1. **配備完善的港口條件**：旅遊目的港應有足夠水深的航道、船席、

---

1 The History of Cruising and Cruise Ships http://travelingwiththejones.com/2014/06/26/the-history-of-cruising-and-cruise-ships/

2 唐由慶，《郵輪實務》，高等教育出版社，2013，北京。

安全條件、環境品質及相關服務設施，能方便旅客進出市區及自由行。

2. **快捷高效率通關服務**：郵輪旅客具有同時到達的特性，接待城市提供高效率的通關服務，減少遊客的等候時間，岸上接待設施包括停車場、候船、安檢、通關、行李搬運及升降舷梯等。
3. **方便快捷的城市交通**：城市應有方便快捷的市內交通、腹地交通及國內外海運航線，郵輪靠泊位置盡可能靠近市區，方便旅客就近消費及自由行，公共交通、計程車站及軌道運輸要鄰近侯船中心，方便旅客換乘交通。
4. **特色顯明的旅遊產品**：在船舶靠港的短暫時間，要展現旅遊城市最有特色的風景，同時滿足不同需求的旅客，提供精品旅遊項目也要提供個性化的項目及產品。
5. **型式多樣的旅遊服務**：提供團體旅的預訂和接待服務，也提供自由行旅客個人化服務，提供旅客全面旅遊訊息和交通服務，以及代訂旅館、車票、機（船）票、景點門票等。

目前亞太區前三大營運的郵輪公司，按照郵輪船隊規模排列為嘉年華郵輪集團公司、皇家加勒比海國際郵輪、麗星郵輪，前兩大郵輪公司透過訂購新船增加客艙數和併購其他郵輪公司船隊，以維持業界之領先地位，而麗星郵輪是以亞太地區為根據地及市場。

表 21　郵輪發展起源

時間	重要發展
1516 年	是英國皇家郵政展開洲際郵遞服務的初期，主要依靠皇家郵政輪船將信件送到相隔的海洋兩岸，那些英國輪船要懸掛英國皇家郵政（商船）的信號旗。
1837 年	英國鐵行公司（P&O）獲得英國海軍部許可，以商務合約開始在英國與伊比利半島之間進行海上郵件運輸的業務，顯示海上客運兼郵件運輸的開始。
1850 年	英國皇家郵政允許民營船公司以合約型式協助載運信件及包裹，使原本只載運旅客船公司的遠洋輪船成爲載客遠洋郵務輪船。

表 22　全球主要郵輪公司

郵輪公司	公司網址
嘉年華郵輪集團公司 CARNIVAL CORPORATION&PLC	Carnival Corporation & plc https://www.carnivalcorp.com/
皇家加勒比海國際郵輪 RoyalCaribbean INTERNATIONAL	Royal Caribbean International https://www.royalcaribbean.com/
麗星郵輪 STAR CRUISES	Star Cruises https://www.starcruises.com/tw/tc

1. **嘉年華郵輪集團公司**：嘉年華有限公司（Carnival Corporation & plc）爲全球最大的郵輪公司，在英美兩地雙重上市，旗下共有 11

個郵輪品牌。嘉年華公司總部設於美國佛羅里達州邁阿密市。亞太地區主有嘉年華郵輪（Carnival Cruise Lines）、歌詩達郵輪船隊（Costa Cruise Lines）、公主郵輪（Princess Cruises）等船隊。

2. **皇家加勒比海國際郵輪**：皇家加勒比國際遊輪（Royal Caribbean International）爲皇家加勒比遊輪有限公司旗下的子公司，是一個成立於挪威的郵輪品牌。皇家加勒比遊輪有限公司系下的其他品牌包括精緻遊輪（Celebrity Cruises）、普爾曼遊輪（Pullmantur Cruises）、精鑽俱樂部遊輪（Azamara Cruises）、銀海郵輪（Silversea Cruises）和途易郵輪（TUI Cruises）。（普爾曼遊輪和銀海郵輪並非皇家加勒比遊輪全資擁有）

3. **麗星郵輪（Star Cruises）**：雲頂香港（原「麗星郵輪有限公司」）旗下的子公司之一，是全世界第十五大的郵輪公司，主要是以亞太地區作爲經營領域。作爲亞太區領導船隊，麗星郵輪以發展亞太區成爲國際郵輪目的地爲理念，整個集團的航線遍及亞太區。

通常港口城市是指位於江河、湖泊及海洋等水域沿岸，郵輪港口城市則泛指郵輪可以停靠並上下旅客及行李、貨物的各類型的港口城市，郵輪碼頭有碼頭前沿、迴轉港池及水陸交通設施，城市有豐富的旅遊景區或歷史景觀。郵輪碼頭可以分爲母港（Home Port）、停靠港及航線彎靠港，世界著名的郵輪母港主要有美國的邁阿密港、西班牙巴賽隆納、香港和新加坡港。

世界郵輪母港是指郵輪公司作爲基地和旅客航行起點和終點的港

口。郵輪母港碼頭具備多艘郵輪停靠及其進出所需的綜合服務設施條件，能夠爲郵輪經濟發展提供全程、綜合服務及配套作業。由於郵輪母港碼頭是郵輪的基地，郵輪在此進行補給、維護與修理、廢棄物處理、工作人員輪換等，郵輪公司在郵輪母港所在地設立區域總部或公司總部。[3]

制定合理的航線影響郵輪公司的預期經濟效益，其中選擇合適的母港是郵輪公司面對的重要決定。在郵輪行業，郵輪母港是航線起始或終止的港口，郵輪公司希望選擇旅客歡迎的港口，以提高航線的價値，而很多港口也希望成爲郵輪公司的母港，因爲郵輪服務可以爲港口及港口所在城市帶來額外經濟收益，包括郵輪補給及檢修、郵輪旅客和工作人員的消費，對當地的消費金流、物流和觀光資訊流推動，有很大的促進動力。郵輪母港是郵輪運輸中的基礎與中心，成爲觀光及運輸服務業的經濟活動的聚集地，成爲衡量一地區國際海洋觀光水準的參考。

表 23　世界主要郵輪母港

主要郵輪母港	港口網址
美國邁阿密港 PORTMIAMI	Miami Cruise Terminal http://www.miamidade.gov/portmiami/cruise-terminals.asp

3 黃麗華，《郵輪概論》，中國海洋大學出版社，2018，青島。

主要郵輪母港	港口網址
西班亞巴賽隆納港	Barcelona Cruise Terminal https://www.barcelonacruiseterminal.com/
香港啓德郵輪碼頭	Kai Tak Cruise Terminal https://www.kaitakcruiseterminal.com.hk/?lang=zh-hant
新加坡濱海灣郵輪中心	Marina Bay Cruise Centre Singapore, MBCCS http://www.siliconplus.com.sg/works/id-singapore-tourism-board-marina-bay-cruise-centre.html

近年來臺灣郵輪產業蓬勃發展，郵輪公司看好臺灣市場潛力，民間企業也大力推展郵輪產品，臺灣港務公司、觀光局逐步推動提升軟硬體面設施改善。臺灣位於東北亞和東南亞的交界處，具地理優勢，鑒於亞洲市場規模持續擴大，臺灣爲國際郵輪亞洲航線重要航點，同時臺灣母港市場逐年成長，持續培養海內外客源，包括麗星郵輪、公主遊輪增加來臺的母港航線，也帶動海外 Fly Cruise 旅客來臺搭乘郵輪。郵輪同步帶來船上消耗品、銷售品的物流需求，也爲郵輪產業一大商機，臺灣海運費用相較鄰近主要港口較爲低廉，如能再加上貨物通關相關作業高效率配合，將有助於郵輪業者來臺建立轉口補給中心的機會。

郵輪艙房（Cruise Ship Rooms）[4]

選擇郵輪海外出遊，大部分時間都會住宿在船上，因此郵輪住宿成爲決定海上旅行體驗的關鍵之一。郵輪艙房的選擇，不僅關係到郵輪度假的居住舒適程度，還決定了整個行程的花費預算高低，因爲郵輪船票的價格主要取決於艙房的價位。輪上住宿的房型較多，房型不同，價位不同，房間景致也不同，郵輪的艙房類型主要分爲：內艙房（Interior）、海景房（Ocean view）、陽臺房（Balcony）、套房（Suit）等四類。

表 24 郵輪艙房種類

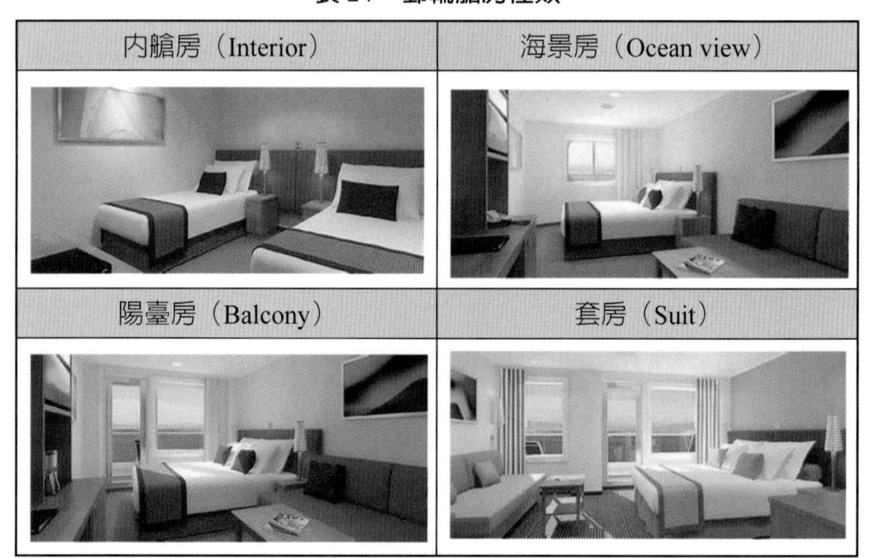

內艙房（Interior）	海景房（Ocean view）
陽臺房（Balcony）	套房（Suit）

4 Room Types for All Types
https://www.carnival.com/staterooms.aspx

12.2　郵輪的港口管理

郵輪產業涉及郵輪建造業、郵輪經營業、郵輪港埠服務業、郵輪旅遊業，其發展與管理涉及國際郵輪營運、港口管理、郵輪產品銷售、郵輪服務等知識與技能。當一個港口成爲郵輪母港，其所在城市就會受到郵輪產業發展較大的影響，包括擴大消費、賺取外匯、促進就業、提升服務水準和郵輪母港的國際形象等。

郵輪產業（Cruise Industry）[5]是以海上郵輪爲載具，通過遠、近洋、環球航行的方式，以海上觀光旅遊爲主要訴求，爲遊客提供旅遊觀光、餐飲住宿、娛樂及探險等服務的海上觀光與休閒產業，實際上由交通運輸業、觀光與休閒業及旅遊業等三個產業交互構成。

郵輪港口的發展與其供應鏈的上下游環節的互動和整合，它的發展與客運流、交通、訊息服務等相關，郵輪公司除注意港口成本的控制，其他港口城市的配套措施也是促進郵輪發展的因素。20 世紀 80 年代晚期，出現將航空和海上航線二合一的「飛機＋郵輪」的新（Fly + Cruise）旅遊方式，更加促進郵輪旅遊產業的發展，也使港口與周邊產業的協調合作更形重要。

21 世紀是現代郵輪業全面發展提升的階段，主要在三個方面：

1. 亞洲新興消費客群增加，郵輪及港口設施改善，富有東方特殊民

5　龍京紅、劉利娜，《郵輪運營與管理》，中國旅遊出版社，2015，北京。

俗與景觀吸引遠方與此區域遊客。

2. 郵輪業透過購併及建造大型豪華郵輪，以擴大船隊規模，郵輪的度假綜合服務功能擴大，對港口設施要求也愈高。
3. 郵輪業快速發展對港口環境（空氣、水質）影響加大，如何加強港口規劃範圍，促進郵輪永續發展及安全，已引起社會的關注。

郵輪港口管理模式 [6]

1. **邁阿密**：港務局主要提供基礎設施租賃給私部門經營，其日常費用來自收取租金與提供船舶服務等費用，郵輪在港口上下旅客、貨物裝卸業務是由港口公司與郵輪公司依合約進行，邁阿密郵輪客運站的業務有設置相當的規範，商店、遊客、行李與船舶都爲獨立管理，並將第三層樓設計與船體位於同一高度，便於遊客上下船。
2. **巴賽隆納**：是政府與巴賽隆納城市港口 2000 發展公司（Gerncia Urbanistica Port 2000，簡稱港口發展公司）簽訂 25 年的租賃合約，授予其 VELL 港 [7] 公共空間的商業經營權，即巴賽隆納港務局擁有土地所有權，港口發展公司擁有商業經營權，而 VELL 港的規劃與建設由巴賽隆納城市規劃局控制。郵輪港口的管理採用外包

---

6 甘勝軍，《郵輪港口規劃與管理》，旅遊教育出版社，2016，北京。

7 Marina Port Vell Barcelona
http://marinaportvell.com/

（Outsourcing）形式，將大部分接待工作業務外包出去。

3. **香港**：在香港的海運碼頭使用權是屬於私人，2014 年啓用的郵輪碼頭是採用新的合作方式，由政府負責規劃、企業負責營運，政府將它的使用權租給全球郵輪碼頭財團（Worldwide Cruise Terminals Consortium, WCT），WCT 是由環美航務、皇家加勒比郵輪公司和信德集團轄下的冠新有限公司所合資組成。WCT 除安排郵輪的停泊及旅客服務外，還負責郵輪碼頭的運作及管理。
4. **新加坡**：新加坡郵輪碼頭是由新加坡郵輪中心（SCCPL）[8] 和新加坡濱海灣郵輪中心（MBCCS）共同組織，分爲兩個郵輪中心共 4 個郵輪碼頭，分別由不同的獨立公司經營管理，在發展定位上，濱海灣郵輪中心目標市場是尖端高級郵輪服務，新加坡郵輪中心除發展國際郵輪航線，也兼顧渡輪航線。新加坡郵輪中心是新加坡港務局早期所投資 5000 萬新幣建設的郵輪專用碼頭，於 1996 年 6 月完工啓用，1998 年又投入 2250 萬新幣進行現代化改造；2003 年從 PSA 集團（新加坡港務集團）的一個部門分離出來成爲一個獨立公司——新加坡郵輪中心私人有限公司，屬於新加坡政府 100% 投資的淡馬錫投資集團（Temasek Holdings Private Limited）。新加坡濱海灣郵輪中心由政府投資 5 億元新幣建設，

8　Welcome to Singapore Cruise Terminal
https://www.singaporecruise.com.sg/

由新加坡新翔集團和西班牙郵輪業組成的財團經營，具有空港和郵輪碼頭整合經驗，經營合約長達 10 年，另有 5 年選擇權。

國際郵輪碼頭服務標準

國際上郵輪碼頭的內部設施開發標準主要採用美國海關和環境保護局（Customs and Board Protection, CBP）的郵輪碼頭設計標準（Cruise Terminal Design Standards, CTDS）[9]，是爲了設計和建造的郵輪旅客處理設施標準所採用的國家政策、程序及設施標準，作爲港口當局、建築商、港口營運業及交通運輸管理業的設施開法參考。

國際郵輪協會（Cruise Lines International Association, CLIA）[10]

國際郵輪協會（CLIA）是全球最大的郵輪協會，由美洲、歐洲、亞洲及澳洲的 50 家郵輪公司所組成，總部設在美國華盛頓特區，並定期對發表對郵輪產業發展的年度調查報告，例如全球郵輪建造數量、全球郵輪經濟衝擊影響、各公司

9 CBP Cruise Terminal Design Standards (CTDS) for Passenger Processing Facilities
http://aapa.files.cms-plus.com/PDFs/USCBP.pdf

10 Cruise Lines International Association (CLIA)
https://cruising.org/

船隊艙位供應數、郵輪旅客分布及消費特性調查等。

臺灣遊輪產業發展協會（Association for Cruises Development of Taiwan, ACDT）。108年3月於臺北成立，成立宗旨：臺灣國際遊輪產業鏈發展暨經營管理人才培訓，在推動遊輪產業發展創造遊輪產業價值上，能接軌結合全球遊輪行業龐大的產業鏈推動臺灣國際遊輪產業的發展（http://www.acdt.org.tw）。

臺灣國際郵輪協會（International Cruise Council, Taiwan, ICCT）成立於臺北，目標串接學術界、政府單位、旅行業的資源，培育傑出郵輪相關人才，更創立郵輪人力資源媒介網路，提供市場找郵輪人才及人才求職郵輪工作的雙向平臺，以辦理郵輪推廣教育與人員訓練爲主（http://www.icctw.com.tw）。

12.3 郵輪旅遊與安全

郵輪經濟（Cruise Economy）[11]的含意有狹義及廣義之分，狹義的郵輪經濟是指：「在郵輪接待（港口部分）方面的經濟效益」，包括郵輪碼頭所在地區相關產業的效益，例如船舶抵達與出發服務、引

---

11 孫曉東，《郵輪產業與郵輪經濟》，上海交通大學出版社，2014，上海。

水、保全、舷梯服務，以及行李處理、船舶補給、加油加水、廢棄物和旅遊服務等方面。即以郵輪港及目的港爲主的郵輪接待經濟。

廣義的郵輪經濟是指：「以海上巡航的豪華郵輪爲特徵，根據郵輪母港與停靠港及其所在城市的各類旅遊資源，以郵輪旅遊爲核心產品向上下游延伸的跨區域、跨行業、多領域、多管道的一種經濟現象」。

遊客對城市及區域經濟的直接影響，主要是透過遊客量、遊客每人平均消費和接待遊客總收入等指標來衡量；遊客對區域經濟的間接影響，主要是涉及交通、電信、郵政、餐飲和社會服務；此外還有郵輪建造維修、郵輪本身的產品和服務、船員的消費。

郵輪旅遊產品

郵輪旅遊產品是一個明確界定的組合性產品，包括港口之間的航程、某一時段的行程安排、服務和設施（住宿、餐飲、娛樂及休閒區域），以及其他需額外付費的服務等，是郵輪公司與旅遊業所提供的海洋旅遊產品組合。

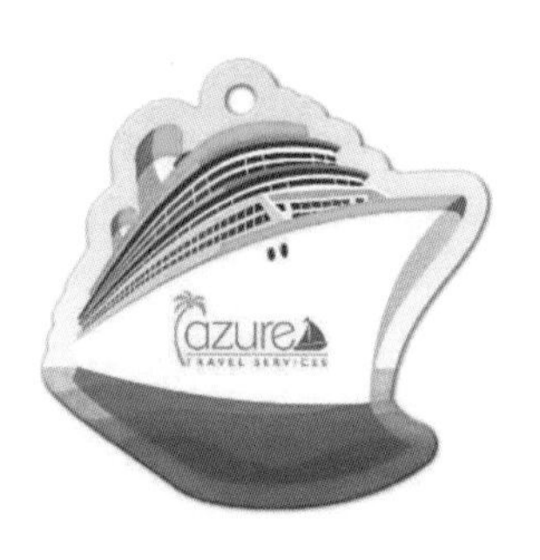

以遊客的角度，郵輪旅遊產品一般是由以下幾方面組成[12]：

12 倪望清、胡志國，《國際郵輪服務與管理》，天津大學出版社，2017，天津。

1. **郵輪及設施（Cruise Ship & Amenities）**：郵輪及設施是完成郵輪旅遊的必要物質設施，通常會提供餐飲、住宿、娛樂及商場等，並針對目標客戶群提供不同的設施設計如探險、娛樂、博弈、美食餐廳等。
2. **郵輪的航線（Itinerary）**：航線是指郵輪從母港出發到結束行程靠岸過程中的航行航線，通常會受到水域、景點及季節條件的影響，郵輪航線是遊客選擇郵輪旅遊的重要考慮因素。
3. **郵輪的服務（Service）**：是指郵輪上的服務內容（客艙、餐飲、娛樂、免稅購物、賭場、岸上觀光、婚禮及其他慶祝活動等）、方式、態度、效率等，除了硬體設施外，服務內容的深度也是郵輪競爭的重要環節。
4. **郵輪的價格（Price）**：郵輪每航次的價格，在某一程度反映郵輪產品的品質，遊客透過價格來判斷及選擇某航次的郵輪產品。一般郵輪價格包括住宿費、船上娛樂、活動設施、每日餐飲及基本飲料；不包含岸上旅遊、保險及其他額外費用（購物、酒類、付費餐廳、衣服送洗、小費等）。
5. **郵輪的形象（Image）**：郵輪的形象是遊客對郵輪的綜合看法，涉及郵輪歷史、知名度、經營理念、設計風格、品牌定位、遊客品價等諸多因素，是郵輪吸引遊客的重要因素。

郵輪安全管理

爲了適應國際海上航運貿易發展和提高安全管理水準，國際海事組織於 1993 年公布「國際安全管理章程」（International Safety Management Code, ISM Code），使船舶的安全管理標準統一在該規則基礎下。船舶安全管理泛指保護船員和乘客安全與健康，防止船舶和貨物損害，及防止海上污染管理活動。[13]

郵輪安全（Cruise Safety）是指郵輪在營運過程中所涉及的人、船、物、環境等，沒有危險、威脅及事故的狀態。郵輪安全管理（Cruise Safety Management）是爲了保障郵輪安全而進行的一系列規劃、組織、協調和控制等管理活動的總稱。

20 世紀 70 年代早期，由於在郵輪上爆發幾次疾病，美國公共衛生服務的疾病控制及預防中心（Centers for Disease Control and Prevention, CDC）引進船舶衛生項目（Vessel Sanitation Program, VSP）[14]，依該項標準對郵輪的船上環境清潔、處理食物、飲用水及游泳水池提供檢查標準及對郵輪人員提供安全衛生訓練（食物儲存、個人衛生、一般清潔、控制傳染媒介等）。

13 閆國東，《郵輪安全與救生》，清華大學出版社，2017，上海。

14 About the Vessel Sanitation Program
https://www.cdc.gov/nceh/vsp/desc/aboutvsp.htm

安全問題及防範

與陸上旅遊相較，海上旅遊存在一定的風險，會遭遇海底地震、海嘯、颱風、火災及疫情感染等危險因子，因此發生海上事故。一般海上事故指船舶在航行中、停泊和作業中發生的海損事故，例如碰撞、擱淺、沉沒、火災及爆炸等，以及船舶設備故障，隨著國際情勢改變，海上恐怖攻擊也對遊客安全產生威脅。

1. **碰撞或擱淺事故的預防**：船舶在海上發生碰撞、擱淺及觸礁等事件是常發生的海損事故，郵輪公司要提高船員安全意識、責任感及航海技術水準外，還應該遵守各項國際海上公約，做好海上航行安全管理及設備檢查。
2. **海上恐怖勢力威脅及預防**：恐怖主義是暴力分子爲了特定政治、宗教或經濟目的而對非武裝平民使用暴力或暴力威脅的行爲。郵輪搭載大量來自各國旅客，容易引起恐怖分子挾持或襲擊，船公司依國際海事組織的「國際船舶與港口設施保全章程」（ISPS）進行組織演練與作業檢查。
3. **火災事故及預防**：郵輪起火原因通常是多方面，除船舶碰撞導致火災，也有電力系統故障、電器設備使用不當、隨意丟棄菸蒂等。一旦船上發生火災要能及時發現，將火撲滅在最早階段。發現火災時立即發出警報、組織動員控制火勢，根據現場情況採取不同滅火方式。

4. **病毒的威脅與預防**：船上的疫情傳染通常是飲食處理不當的公共衛生問題，如引發腸胃的疾病；還有流行疾病病毒在船上的人體傳染，郵輪上的制度目標是防範、監督和回應，船上計畫是以隔離、控制、消毒、調查和資訊／教育爲基礎。

郵輪產業規定（Cruise Industry Regulation）[15]

郵輪業是一個高度注重各項國際安全規定的產業，爲確保船舶及船上人員有安全的旅遊及工作環境，要遵守數以千計的國際船舶安全規定及耗費相當的工時以遵守規定。

主要有停靠港口的當地港口國管制（PSC）所對船舶及船員安全

15 Cruise Industry Regulation, CLIA
https://cruising.org/about-the-industry/policy-priorities/Cruise%20Industry%20Regulation

標準及資格檢查，國際海事組織（IMO）和國際勞工組織（ILO）對船舶海事安全及船員勞動條件的國際規範，船籍國（Flag State）及驗船協會（Classification Society）對船舶的設備標準及檢查。

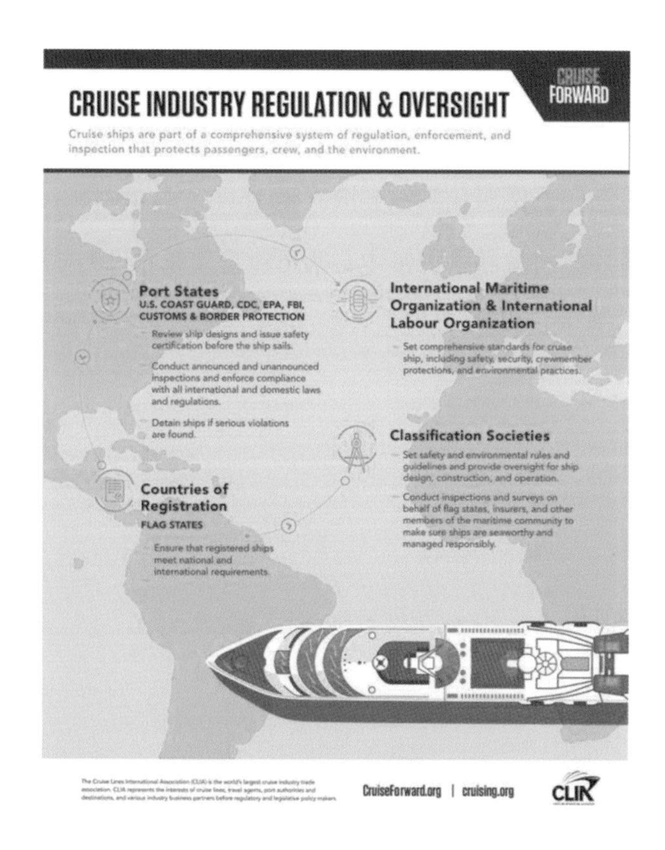

延伸學習及討論

一、請就海運發展觀點討論我國郵輪發展作法。

二、郵輪母港發展應有哪些軟硬體的改善措施？

三、邁阿密港被稱爲「世界郵輪母港」有何特色？試討論。

四、試舉一港口爲例討論郵輪產業的發展。

五、試舉一港口爲例討論郵輪經濟的範圍。

六、請代爲規劃討論我國郵輪中心的可能營運及管理方式。

七、郵輪安全（Safety）及保全（Security）管理應有哪些注意事項？

第十三章 清淨能源

近年來因地球氣候變遷（Climate Change）快速，以及空氣中碳排放所引溫室效應（Greenhouse Effect），海上運輸業也繼陸上製造業、交通運輸業之後受到國際上的關注及研究管制減量，此外船舶石化燃料價格成本高昂及有一天將耗盡，造船業、航運業及港口已開始研究新能源開發及技術改善應用，以達到環保及永續性目標。

13.1 船舶空氣污染

船舶是利用水的浮力，依靠人力、風帆、發動機（如蒸氣機、燃氣渦輪、柴油引擎、核子動力機組）等動力，牽、拉、推、划，或推動螺旋槳、高壓噴嘴，使能在水上移動的交通運輸工具。按動力來源可分為：人力船：以人力使用槳、櫓、篙等產生動力；帆船：使用風力吹動帆產生動力；機帆船：風力、發動機雙動力船；輪船：發動機動力船。

據美國環保署（US EPA）的報告[1]，煙霧對人體健康產生傷害，

1 Overview of Air Pollution from Transportation
https://www.epa.gov/transportation-air-pollution-and-climate-change/learn-about-air-pollution-transportation

而運輸工具的碳（CO_2）排放又造成地球溫室效應，地球年平均溫度增高造成氣候變遷，影響到生物環境及民眾生命財產安全，其中交通工具以陸上（汽車、貨車及摩托車）及非陸上（飛機、移動式作業機具、輪船、農業機具、休閒交通工具等）的工具所產生污染最多。

船舶在海上發生意外的事故污染（Accidental Pollution），主要污染來源有[2]：船體損壞、氣候異常、碰撞、擱淺、火災／爆炸、不明原因等，都會造成空氣、海洋、海岸生態環境的衝擊。

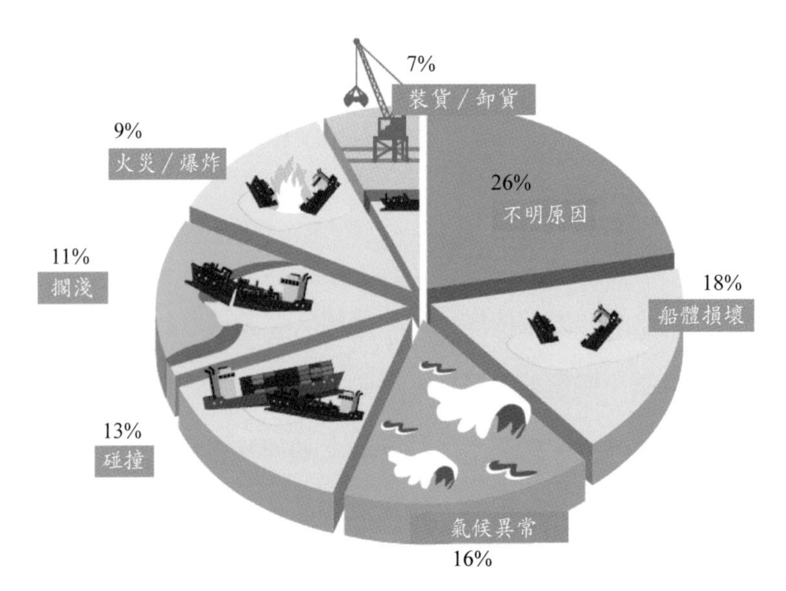

圖 27　船舶海上事故種類

2 Accidental Pollution
http://www.chemical-pollution.com/en/sources-pollution/accidental-pollution.php

其中船舶在海上航行及進出港口作業是常態性消耗石化燃料，過程中不斷排放，溫度升高、天氣變高溫，影響到地球的氣候環境，全球每年船舶有 2.2% 碳（Carbon dioxide, CO_2），、13% 硫氧（Sulphur oxides, SOx）、15% 氮氧（nitrogen oxides, NOx）、特殊粒子等逸散到大氣中，溫度升高，影響到地球的氣候環境。[3]

國際海事組織的航港污染排放作業工具包 [4]

爲減少航運業的排放，各國首先需要量化這些排放量，接著制

---

3 Air Pollution & Marine Shipping
https://clearseas.org/en/air-pollution/

4 Tackling maritime emissions - IMO rolls out ship and port toolkits
http://www.imo.org/en/MediaCentre/PressBriefings/Pages/17GoMEEPguides.aspx

定減排策略。國際海事組織 2018 年 10 月公布一套新的工具組合，可以用來評估和解決船舶和港口的排放問題。這些戰略包括將 IMO 公約納入國家立法。國際海事組織的「防止船舶污染國際公約」（MARPOL）附則 VI，包括限制船舶空氣污染的法規以及減少船舶溫室氣體排放的能效法規。

港口和航運本質上是互動的，因此，減少海上排放不僅僅需要海上船隻作出努力。IMO 關於空氣污染和能源效率的「防止船舶污染國際公約」（MARPOL）附則 VI 規定防止污染主要針對船舶，但爲了減少船舶在港口排放，各成員國需要考慮所有排放來源，包括貨物裝卸設備，卡車以及國內船舶。通過利用 IMO 這些指南，各國可以制定其國家策略，解決整個航運業的排放問題，保護公共健康和環境，應對氣候變化。

船舶排放工具組合提供了一個結構化架構，以及用於評估海運減排機會的決策支持工具。該工具爲尋求防止空氣污染和減少船舶溫室氣體排放有關的國家提供指導，幫助其制定和加強政策和管理架構。船舶排放工具包不僅考慮國際航運排放，還鼓勵用戶評估國內船隊的排放並確定減排時機。在某些國家，國內航運很可能是最大的排放源，國內航運業可能是低碳或零碳技術的試驗場，試驗成功後再推廣到國際航運採用。該工具包認識到船舶和港口本質上是相通的，因此也提供了港口排放工具包的資料。[5]

爲降低高污染海運業對環境的衝擊，船公司正在嘗試運用更乾淨的能源。在國際海事組織管制下，海運界有幾種取代重油（Heavy Fuel Oil, HFO）的選項。包括油輪在內，全球估計有超過6 萬艘貨物運輸用船使用重油作爲燃料。國際海事組織也決定自 2020 年起，把重油含硫量從 3.5% 降至 0.5%，另一方是藉由限制海上巡航的船速來降低污染。

國際海事組織的企圖是透過技術創新的研發應用和引進替代燃料才能實現。這意味未來應運用低碳排、零碳排燃料。歐洲航運業並推動研發新型船隻，把污染較少的液化天然氣（LNG）當燃料，但這需要合適儲存設備與引擎。

船舶環保科技（Ship Eco Tech）

日本商船三井公司（MOL）船舶設計爲配合國際規範，造船業對未來船舶設備試驗改善船體風阻、船型、航行摩擦力、俥葉運轉效率、太陽替代能源、航程設計支援資訊系統，以降低船舶的排碳量。

5　IMO 推出船舶和港口工具組合解決海運排放
https://kknews.cc/world/bjkz4gm.html

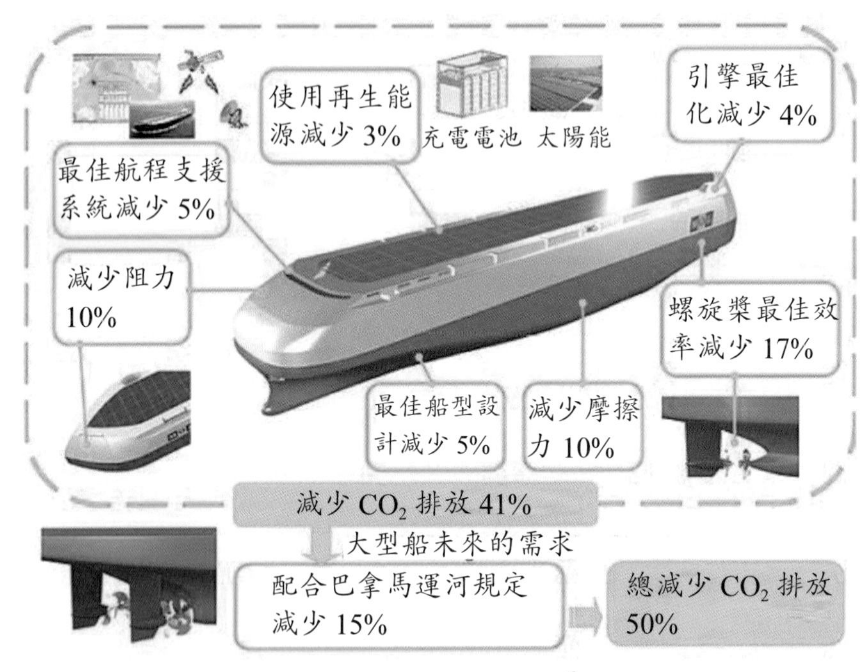

船舶環保科技應用設計 [6]

13.2 船舶 LNG 燃料加注

近年低碳經濟、綠色發展成爲全球各行各業注意的焦點，而國際航運業已經超過航空業，成爲僅次於陸上交通運輸業的第二大空氣主要污染物（NOx、SOx 及 PM）和 CO_2 的排放源。自從 2008 年 10 月

6 Eco Tech: MOL's green car-carrier ISHIN-I targeted to reduce CO2 by 41% https://ecofriend.com/eco-tech-mol-s-green-car-carrier-ishin-i-targeted-to-reduce-co2-by-41.html

國際海事組織的 MEPC 第 58 次會議提出造船 CO_2 設計指數改爲新船「能源效能設計指數」（Energy Efficiency Design Index, EEDI）[7]，EEDI 便成爲國際海事組織的溫室氣體（Greenhouse Gas, GHG）減量控制的重要依據。

自從 2005 年國際海事組織公布「防止船舶造成大氣污染規則」（MARPOL 的 Annex VI）[8] 生效後，海運已被納入對節能環保具有積極意義的產業。未來清潔能源發展技術，以風能、太陽能、核能、燃料電池及 LNG（Liquefied Natural Gas, LNG）爲代表，已在船舶應用有初步研究基礎，但依據船型結構、航行區域及營運特性的不同，多種能源的運用在船舶能源應用領域成爲一個新發展方向。LNG 自發現及開採後，過去普遍應用在發電廠使用，由於石化及煤炭燃料油於儲藏量減少，對空氣污染量大，航運業逐步研究 LNG 作爲船舶動力的可行性（技術、經濟、安全、法規）進行研究。

7　Low carbon shipping and air pollution control
http://www.imo.org/en/MediaCentre/HotTopics/GHG/Pages/default.aspx

8　Prevention of Air Pollution from Ships
http://www.imo.org/en/OurWork/Environment/PollutionPrevention/AirPollution/Pages/Air-Pollution.aspx

液化天然氣，LNG 無色、無味、無毒且無腐蝕性，主要含甲烷（CH_4），具有熱值大、性能高、安全環保及不易爆炸等特點，被航運業選擇爲未來船舶動力來源方案之一。

表 25　LNG & LPG 之差異[9]

項目	液化天然氣（LNG）	液化石油氣（LPG）
來源	將天然氣冷凍液化後縮小體積，以供船運方式運送。	原油煉製過程之副產品。
狀態	超低溫（–162℃）、常壓、液態。	常溫、高壓、液態（–20℃下壓力 4～6kg）。
處理過程	冷凍液化→冷凍船運→冷凍槽儲存→氣化→管輸→客户端。	高壓槽儲存→冷凍儲存→冷凍船運→冷凍槽儲存→加熱加壓→槽車運送→桶裝→客户端。
交易對象	補足自產氣及進口管道氣不足。	尚無天然氣管道可達地區。
價格指標	多以國際原油價格爲計價指標（如日本進口原油價格 JCC）。	以阿拉伯石油公司公告期約離岸價格（Contract Price）爲計價指標。
主要產地	卡達、馬來西亞、澳洲等。	中東地區爲主。

對航運公司而言，航運業目前選用船用替代燃料 LNG 的障礙之

9　LNG 及 LPG 之差異，台灣中油公司天然氣事業部
https://web.cpc.com.tw/division/lngb/information-text.aspx?ID=33

一是港口的 LNG 加注基礎設施缺乏。但隨著愈來愈多大型 LNG 、雙燃料船出現，專門建造 LNG 燃料加注船的需求也將增加。

當燃料供應商在等待市場時，市場也在等待基礎設施發展，新的 LNG 燃料加注解決方案已進入市場。和在碼頭進行加注方式相比，很多營運商更傾向使用 LNG 燃料加注船，進行船對船加注（Ship to Ship Bunkering）。

船東對 LNG 燃料船（LNG Fuelled Vessels）方式正在觀察中，尤其國際海事組織 2020 年全球船舶用油限硫令已生效。此一法規對船東研究替代燃料，取代重油提供主要動力。LNG 一直被視爲一種海洋應用燃料進行研究，而 IMO 法規提高 LNG 作爲船用燃料發展的動力，使它成爲重要的替代燃料解決方案之一。使用 LNG 動力船舶的發展，也連帶推動 LNG 燃料加注船的發展，而 LNG 燃料加注船未來將走向全球港口，提供船舶燃料加注服務。

船舶 LNG 燃料加注方式 [10]

傳統船舶在港口進行燃油及加水作業，當船舶燃料改用 LNG 爲燃料時，LNG 燃料的加注方式依國外海事部門研究有四種方式：

1. **槽車對船（Truck-to-Ship, TTS）**：這是目前最普遍使用的方式，也適應 LNG 的運輸網路作業，到現在是將 LNG 從卡車上的儲槽

---

10 MARAD releases LNG Bunkering study
https://safety4sea.com/marad-releases-lng-bunkering-study/

運送加注到停靠碼頭或船渠的船舶。卡車可彈性運用幫浦將 LNG 汲送到船上，一輛槽車約可載運 13,000 加侖的 LNG 及於一小時內輸送完畢。

2. **岸邊／管道對船（Shore/Pipeline-to-Ship, PTS）**：LNG 是從陸域固定的儲槽汲送到停靠碼頭或船渠的船舶，末端有彈性的接頭裝置。這種方式適合在固定位置設置大容量的 LNG 儲槽，以提供大量的 LNG 燃料加注。
3. **船對船（Ship-to-Ship, STS）**：這是將 LNG 視同貨物一樣，從駁船汲送至船舶，類似船邊加油船作業。這種加注方式可彈性在不同區進行作業，對加注數量及速率較有彈性，這種以船對船的加注方式有在港區及海上進行兩類。
4. **移動式儲槽（Portable tanks）**：使用可移動式裝置（LNG 槽櫃），以活動吊車將 LNG 槽櫃對船上進行裝卸動作，以完成燃料槽的替換動作，這種方式的效率要視有多少 LNG 槽櫃可供運用，一個 40 英呎（ISO-scale）可在複合運輸（Intermodal）移動使用的槽櫃約能裝載 13,000 加侖的 LNG。

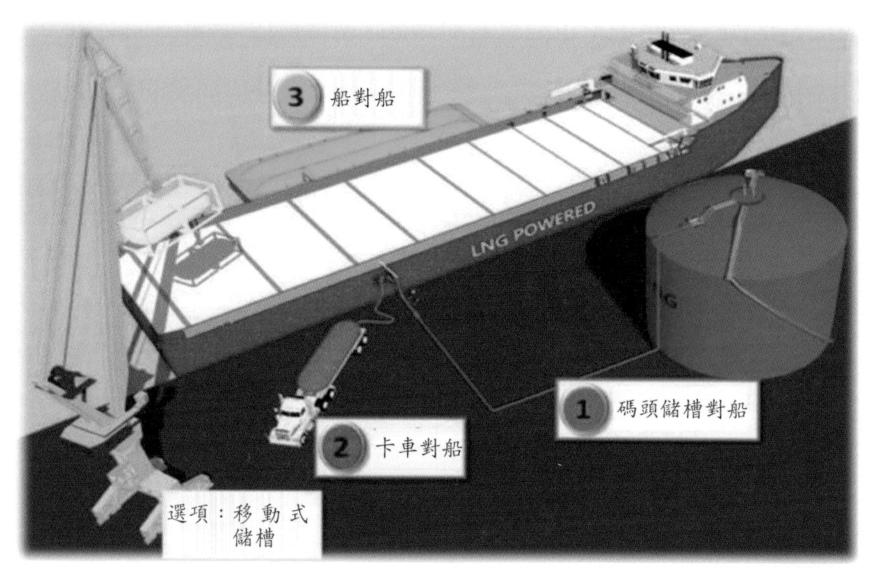

圖 29　船舶 LNG 燃料加注方式 [11]

LNG 燃料加注船（LNG Fuelled Vessels）

2017 年如法國達飛航運的超大型貨櫃船開始建造可雙燃料替換的動力系統 [12]，荷蘭船舶燃料供應商（Shell）在鹿特丹港及新加坡政

---

11 What Really Is Bunkering; Regards to LNG and Added Risks. https://hendersoninternational.wordpress.com/2014/12/17/what-really-is-bunkering-regards-to-lng-and-added-risks/

12 World Innovation: CMA CGM is the first shipping company to choose liquefied natural gas for its biggest ships https://www.cma-cgm.com/news/1811/world-innovation-cma-cgm-is-the-first-shipping-company-to-choose-liquefied-natural-gas-for-its-biggest-ships

府海事部門（MPA）[13] 也注意到航運業的船舶防止空氣污染的趨勢，開始投入 LNG 加注船的作業實驗，以尋求未來港口商務的新機會。

民營石油公司	政府海事部門
荷蘭皇家殼牌集團 SHELL	新加坡海事及港務管理局 MPA

13.3 船舶碼頭岸電

長期以來靠港的船舶採用燃油輔機自行發電，港口的高能源消耗及高空氣污染也是日趨嚴重問題，愈來愈受各國港口管理當局重視，

13 LNG Bunkering (Pilot Programme), MPA
https://www.mpa.gov.sg/web/portal/home/port-of-singapore/services/bunkering/lng-bunkering-pilot-programme

船舶的岸電系統能給予靠港船舶提供可靠穩定的供電，停止船上柴油發電機的運轉，達到節能減排的目的，是船舶與港口供電領域的一大進步。船舶停靠港口作業期間，爲了維持生產生活需要，就需要開動船上的輔助發電機發電以提供必要的動力，由此會產生大量的有害物質排放。

船舶電力系統是由發電機組、配電裝置、電力輸送網路及用電附載等組成的體系，是船舶系統一個很重要的組成部分，它的供電連續性、供電品質、可靠性直接影響船舶的運作安全及壽命。全世界所有船舶使用燃燒輕質或重質柴油的發電機自行發電，燃油輔機在發電的過程中會排放包含氮氧（NOx）、硫氧化合物（SOx）、揮發性有機化合物（VOC）及粒狀污染物（PM），這些污染物對船舶所到港口地區氣候和環境品質造成嚴重影響，控制船舶靠港期間的空氣環境污染，便成爲尋求節能減排方案的原因。

採用陸地電源對靠港船舶供電的技術稱爲「岸電技術」，是指船舶靠泊碼頭時，停止船上柴油發電機運轉，將船舶用電改用岸電電站提供，以降低港區船舶的污染廢氣排放。船舶的岸電系統（Shore Power）主要由 3 部分組成；岸上供電系統、船岸交互部分及船舶

受電系統。船舶交流電壓形式爲三項交流 6.6kV/60Hz、三項交流 440V/60Hz、三項交流 400V/50Hz，國際上通用的岸電供應方式大致包括：高壓岸電 / 高壓船舶、高壓岸電 / 低壓船舶、低壓岸電 / 低壓船舶等三種供電方式。

表 26　各國岸電方案比較 [14]

岸電技術	低壓變頻 50/60Hz（上海）	低壓 60Hz（洛杉磯）	中壓變頻 50/60Hz（連雲港）	中高壓 50Hz（哥德堡）	中高壓 60Hz（長堤）
岸電電壓	450V	450V	6.6kV	10lV	6.6kV
船舶配電電壓	450V	450V	6.6kV/440V	400V	6.6kV/450V
港口電網頻率	50Hz	60Hz	50Hz	50Hz	60Hz
供電頻率	50/60Hz	60Hz	50/60Hz	50Hz	60Hz
容量	2.0MVA	2.5MVA	2.0MVA	2.5MVA	7.5MVA
岸電接入方式	港方提供電纜	港方提供電纜	船方提供電纜	港方提供電纜	船方提供電纜
供電效率	好	好	很好	好	好
供電操作性	9 根低壓電纜複雜	多根電纜水上高低壓電纜複雜	1 根高壓電纜快速	1 根電纜快速	電纜較少
船舶改造複雜性	基本無	需另配船	船方配泵船載變壓器	船上安裝變壓器	一般
空氣污染	無	無	無	無	無

14 華大強、郜克存、戴瑜興，《船舶岸電技術》，科學出版社，2015，北京。

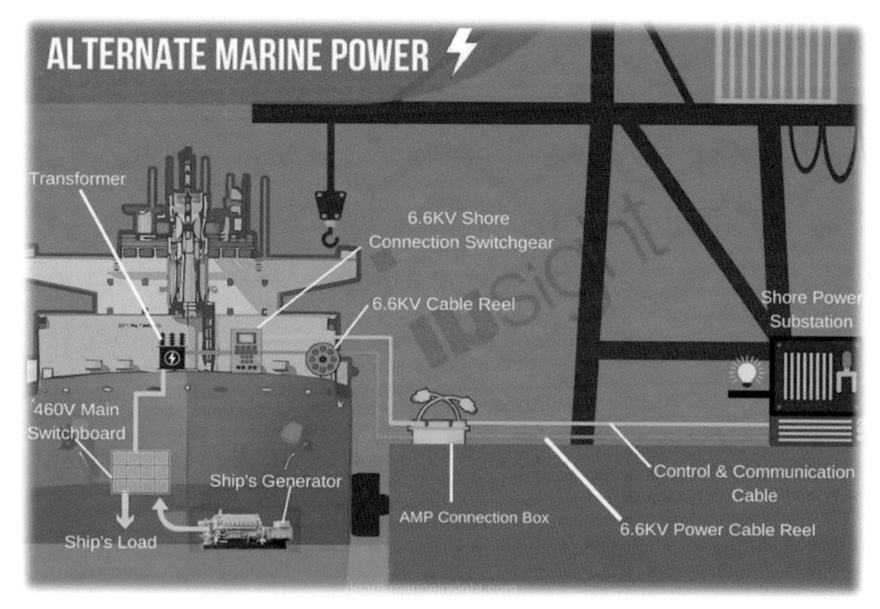

圖 30　替換式航海電力系統（AMP）[15]

岸上供電系統、船岸交互部分及船舶受電系統的劃分：

1. **岸上供電系統**：使電力從高壓變電站供應到靠近船舶的連接點，即碼頭岸電箱，完成電壓等級變換、變頻與船上受電系統不停電切換等功能。
2. **船岸交互部分**：連接岸上連接點即船上受電裝置間的電纜和設備，電纜連接設備必須滿足快速連接和儲存的要求，其不使用時

15 What is Alternate Marine Power (AMP) or Cold Ironing? https://www.marineinsight.com/marine-electrical/what-is-alternate-marine-power-amp-or-cold-ironing/

儲存在船上、岸上或駁船上。

3. **船舶受電系統**：在船上原有的配電系統基礎上，固定安裝岸電受電系統，包括電纜絞車、船上變壓器和相關電氣管理系統等。船舶發電機的電壓等級可分爲高壓和低壓兩種。

隨著各國對港口岸電應用技術的重視，2012 年由國際電工委員會、國際標準化組織、電器電工程協會三家共同發布了國際標準 IEC/ISO/IEEE80005-1（在港設施第一部分：高壓電力系統一般要求）[16]，該標準對高壓岸電系統的三個部分（岸基供電系統、船岸連接系統、船舶受電系統），從系統的組成設備和要求、保護系統的配置、安全連鎖的實現方式和設備、船岸等單位的連接實現方式和設備、岸基供電系統的電壓和電力品質、船岸連接設備的特殊要求等有非常詳細規定，此外對高壓岸電系統首次應用和日常保養應進行的檢測設備分別有規定。

岸電技術的推廣從 2001 年瑞典哥德堡港首顯使用後，仍屬新興發展中的技術，港口岸電系統建置仍面臨的問題[17]：

1. 資金層面：岸電成本主要建設成本（土建、設備及施工人力）、管理維護成本（維護人力、維護及電價），其中電價都屬高壓契

---

16 IEC/ISO/IEEE-80005-1，Utility connections in port - Part 1: High Voltage Shore Connection (HVSC) Systems - General requirements https://www.document-center.com/standards/show/IEC/ISO/IEEE-80005-1

17 劉興寧，《港口船舶岸電技術與實踐》，中國電力出版社，2018，北京。

約用電，需要政府、港口及社會共同思考投資模式以緩解資金壓力。

2. 技術層面：各港爲船舶提供的岸電電壓與頻率不同，而不同類型、噸級的船舶上電壓及頻率也不相同，因此爲因應國船隻到港供電與用電制式匹配是岸電系統需要重點解決的重點問題之一，碼頭上的供電電源制式需轉換爲到港船舶的用電電源制式。

岸電系統（Shore Power）

船舶岸電系統廣泛在北美地區港口使用，提供郵輪與貨櫃輪的高壓電力系統替換使用，在美國洛杉磯及長堤港又稱爲「替換航海電力系統」（Alternative Maritime Power Supply, AMP）或「冷鐵方式」（Cold Ironing），這是由當地州政府與市政府環境保護部門、航運業與港口當局共同研商岸電系統的使用與技術協調。從2009年開始，加拿大溫哥華港首先提供郵輪岸電系統，爲全世界第一個提供郵輪岸電的港口，在加拿大最大的貨櫃碼頭（Centerm Container Terminal）也提供貨櫃輪的岸電服務，港口也提供獎勵措施以促進船舶使用岸電系統，並階段性增加岸電設施至整個碼頭。

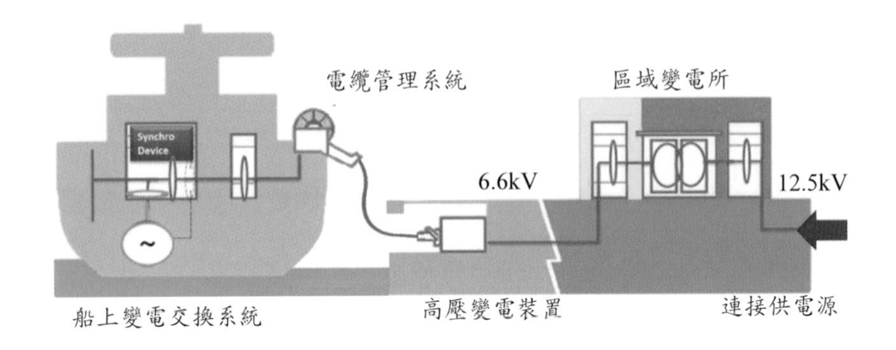

圖 31 溫哥華港船舶岸電系統 [18]

延伸學習及討論

一、試討論船舶造成海洋污染的來源及種類。

二、請討論國際海事組織對防止船舶污染有哪些作爲。

三、請討論船舶清潔能源（Clean Energy）技術有哪些種類及特性。

四、試分析 LNG 燃料加注作業有無風險？有哪些種類？

五、請討論航運業及政府部門對船舶碼頭岸電的看法。

六、就航商觀點，試說明船舶使用碼頭岸電的優缺點。

七、請討論國內實施船舶碼頭岸電作業，可能有哪些挑戰。

---

18 Shore power, Port of Vancouver
https://www.portvancouver.com/environment/air-energy-climate-action/marine/shore-power/

第十四章 離岸風電

離岸風電或稱海上風電（Offshore Wind Power）是臺灣近年積極推動的清淨能源之一，由於風力發電機組是架設於海洋上的大陸架，不同於陸上風電的架設或維修可經陸上道路易於接近，離岸風電的組裝、運搬、施工及維護工人運輸、特種運輸船的作業基地等，都與航政、港埠管理相關，此一新興海上產業也是臺灣航港業務的新興重點。

14.1 風力發電知識

風是地球上的一種自然現象，它是由太陽輻射熱引起，太陽照射到地球表面，由於地球各處受熱不同產生溫差，因而引起大氣對流運動形成風。風是流動的空氣，有速度、有密度，所以含有能量。

我國能源高度依賴進口，石化能源依存度高，面對全球溫室氣體減量趨勢與國家非核家園共識，政府規劃新能源政策目標於民國 114 年提升再生能源發電比例至 20%，期能在兼顧能源安全、環境永續及綠色經濟發展均衡下，建構安全穩定、效率及潔淨能源供需體系，創造永續價值，邁向 2025 年非核家園願景[1]。

政府於 2012 年公布「千架海陸風力機」計畫，並由經濟部能源局支持成立「千架海陸風力機計畫推動辦公室」，希望 2030 年陸域與離岸風機累計超過 1000 架。離岸風力的部分，2020 年有三個示範進行中，2015 年各完成一部海氣象觀測塔，2016 年各完成 2 部示範機組，2020 年完成示範風場，預計容量 320 百萬瓦（MW）。透過示範風場的建置，建構完整的產業鏈，吸引更多企業投入，希望在 2030 年累計容量超過 4000 百萬瓦。

除了風能潛力優勢外，臺灣發展離岸風力的機會還有[2]：

1. 不因風機的噪音及光影干擾到居民的生活。
2. 減緩陸地的開發。
3. 減少二氧化碳的排放量。
4. 降低對其他國家的能源依賴。
5. 增加就業機會。

然而，離岸風電在國際屢見不鮮的漁民權利受損及干擾生態的議題，除了上述，臺灣尚須承擔其他風險：

---

1 風力發電 4 年推動計畫
https://www.twtpo.org.tw/intro.aspx?id=462

2 離岸風電知識網
http://www.nepii.tw/KM/OWE/index.html

1. 颱風：颱風可能造成風機自動停止減低效率，甚至導致風機墜毀。
2. 鹽風：強烈的海風吹起海浪造成的「鹹水煙」，對風力發電機結構腐蝕與電氣設備很大損傷。
3. 高溫、高濕：臺灣夏天的高溫以及濕度，對風力發電機的機艙內部設備的冷卻溫控造成影響。

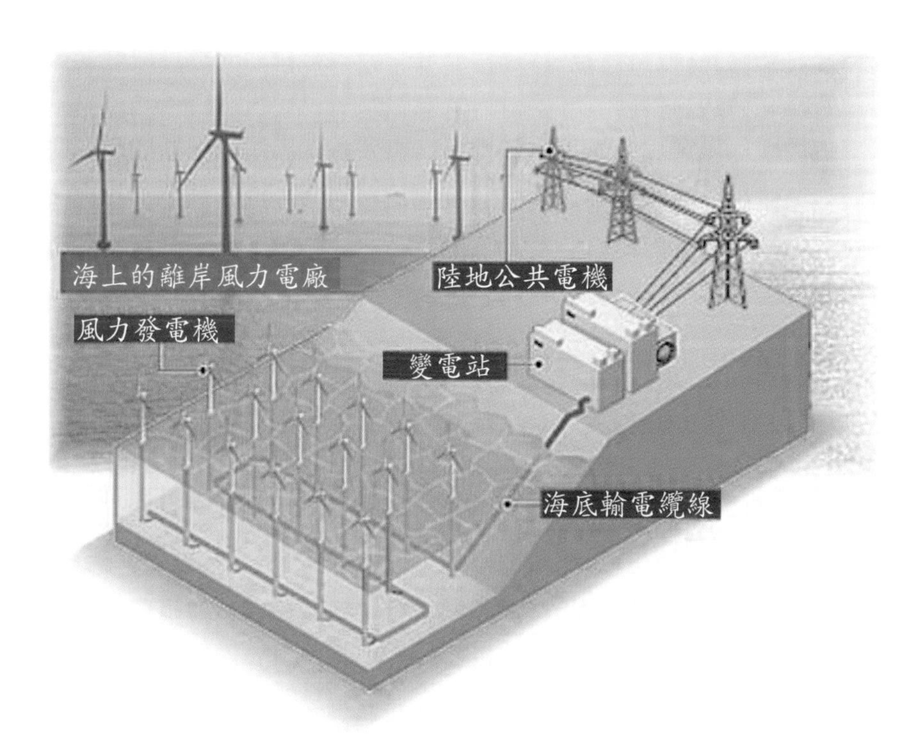

圖 32 海上離岸風力發電場[3]

3 風機設在海上比岸邊更來電，聯合報 http://blog.udn.com/lotos802/3815782

4. 技術門檻：離岸風機、安裝及運維船的技術門檻較高，目前臺灣廠商僅能向國外購買或是租賃作爲試營運的基礎。

離岸風場（Wind Power Farm）主要由離岸風機、海底基樁、連結件、海上變電站、海底電纜、陸上電纜以及陸上變電站等硬體構成。離岸風場所產生的電力將會透過海上變電站收集且升壓之後，經由海底電纜傳輸至陸上電纜，最後併聯至臺電位於各地的陸上變電站。

由於離岸風電風場是設置於海上，需要各式專用工程船舶進出海域作業，航政機關基於船舶安全，特別增修應另具備驗船機構核發之船級證書。

船舶檢查規則（中華民國 108 年 6 月 11 日交通部交航字第 10850075771 號令修正發布第 2 條條文）

第 2 條

中華民國船舶除遊艇、小船、高速船外，依本規則規定施行檢查。

客船除依本規則施行特別檢查、定期檢查、臨時檢查外，應另依客船管理規則規定施行檢查。

附表所列從事離岸風電工程之船舶，除依本規則施行特別檢查、定期檢查、臨時檢查外，應另具備主管機關委託之驗船機構[4]核發之船級

---

4 風能驗證，財團法人中國驗船中心
https://crclass.org/chinese/content/service/wind-energy.html

證書。

離岸風電工程各階段包含探勘與準備階段、建造階段及維運階段，其所需工作船包含：

1. 探勘與準備階段：水下遙控載具支援船、海底地形探勘船、挖泥船。
2. 建造階段：自升式平臺船、浮吊船、拖船、起錨船、離岸工作支

表 27　適用船舶檢查規則之從事離岸風電工程船舶

船舶類型	用途說明
水下遙控載具支援船	支援佈放、回收或控制水下遙控載具之船舶
海底地形探勘船	進行海底地形調查、測量（繪）之船舶
挖泥船	挖泥用之船舶
自升式平臺船	具自升設備之平臺船
浮吊船	具有吊桿設備，以水上起重爲目的之船舶
拖船	拖及推其他船舶用之船舶
起錨船	爲其他船舶下錨或起錨之船舶
離岸工作支援船	支援海上離岸作業之船舶
舖纜船	海底電纜舖設之工作船
拋石船	載運石塊傾到填海之船舶
人員運輸船	運送人員之船舶
潛水支援船	支援潛水人員水下作業之船舶
多用途貨船	載運各種貨物之船舶
海上旅館船	供人員住宿之船舶
警戒船	用以警戒作業之非漁船

援船、舖纜船、拋石船、人員運輸船、潛水支援船、水下遙控載具支援船、駁船、多用途貨船、海上旅館船、警戒船。

3. 運維階段：自升式平臺船、人員運輸船。

考量上開從事離岸風電工程船舶種類眾多，且船舶裝置之作業設備、載運方式，及工程作業型態較一般船舶特殊及複雜，以一般船舶規範難以全面要求，另現行海上離岸風電工程均屬政府工程，考量臺灣海峽海象較一般海域惡劣，爲維護航安及工安，並避免海洋污染，影響政府形象及後續推廣離岸風電之目標，施工船舶應持有主管機關委託之驗船機構核發之船級證書，並由該機構負責該類船舶之檢查及審核，爰增列第 2 條第 3 項規定。

風電產業鏈

離岸風電的產業鏈從零組件如鑄件、葉片、發電機、電力設備、海事工程以及風場的開發及營運，需要相當多廠商投入，其中鋼材骨架、海事、鑄件、葉片，電力設備以及相關工程系統的廠商都是潛在的產業鏈對象。

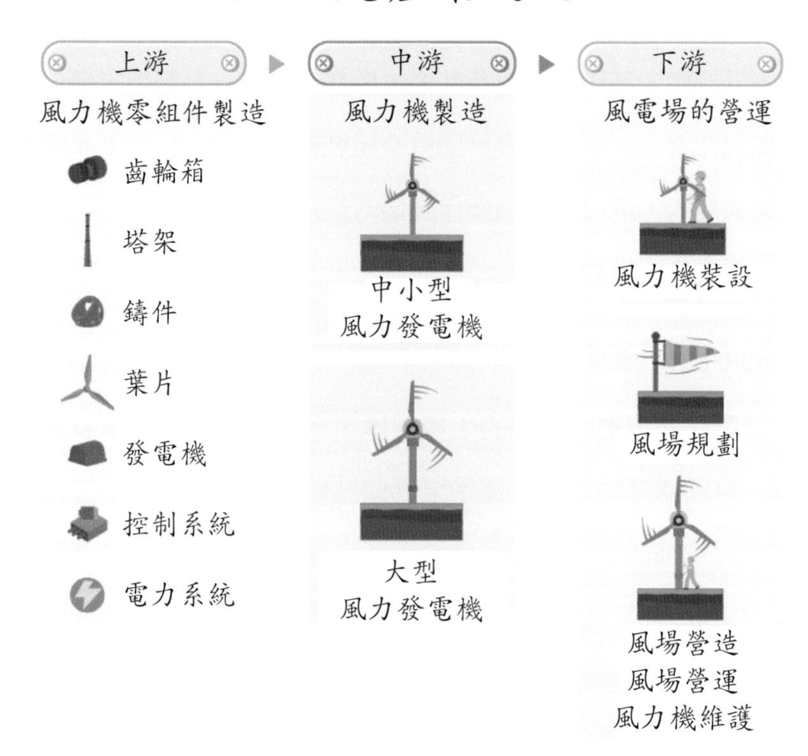

圖 33　風力發電產業鏈 [5]

14.2　離岸風電港口

海上風電場的安裝順利與否取決於在港口的區域是否有適當的規

5　驅動綠能產業之風：東元
https://www.stockfeel.com.tw/

劃配置，港口和物流中心必須針對性進行安排，以便快速、安全、高效率的執行各項任務，並且以最低的成本進行各方面作業。

由於機組、基礎、電纜及其他主要部件無法立刻製造，港口的作業區域須非常大，供風電機具儲放及組裝搬運，特別是海上風電場的風機愈來愈大，港口與碼頭操作設備的條件也愈高，也限制可以作爲離岸風電場作業港的數量。

理想的港口與碼頭[6]

1. 必須最好接近機組部件的生產基地，一般機械是在工廠製造完畢後，以陸路運輸用拖車運送至碼頭裝船，由於風電機組無論是體積或尺寸都非常巨大，不便於在陸上運輸，因此機組設備製造商多要求靠近港口碼頭，特別是商港有特別區域供其組裝或直接進行卸載
2. 港口必須有合適的水深（≧ 9 公尺）及寬廣的航道，提供安裝船及運輸船能快速作業及進出港口；安裝船要能在碼頭水面支架頂升，其海床面須能夠堅實；碼頭表面承載能力必須要足夠高（≧ 34 噸），才能承受重型拖車及其負載，碼頭表面必須堅硬，不能被壓碎。因爲機組表面不能被破壞其表面油漆或玻璃纖維的保護層而產生刮痕。

---

6 Kurt E. Thomsen，馮延暉譯，《海上風能開發：海上風電場成功安裝的全面指南》，機械工業出版社，2016，北京。

3. 最後爲了存放、預先裝配或裝載期間不必長距離或長時間運輸，港口應有一良好儲存區域，並且與碼頭前線直接相連，理想面積爲 65,000～75,000 平方公尺，以供海上風電場工程啓動前，能夠存放足夠數量的部件。

圖 34　港口離岸風電碼頭示意圖 [7]

風電機組在港口進行運輸與組裝任何基礎時須考慮下列事項：

1. 在碼頭附近製造基礎，或由碼頭附近能便捷將基礎運送至作業碼頭，或透過駁船或起重船從他處將基礎直接運送至海上安裝。

---

7 DNV GL to provide project certification for E.ON's Arkona offshore wind farm https://www.windpowerengineering.com/dnv-gl-provide-project-certification-e-ons-arkona-offshore-wind-farm/

2. 在港口必須能將基礎起吊或以滾動拖運進船上，使用駁船是成本較低，起重船同樣可以完成，但成本較高。

另一個在港口作業的是海上風電場的各式運送施工安裝人員運輸船（Crew Transfer Vessel, CTV），以及運維人員作業船（Service Operation Vessel, SOV），這些船舶是特殊作業用途船（Special Purpose Ship, SPS）可能需一日多次進出港口，這些船舶作業需求是需要更大的靈活性以在惡劣天氣登上風電機組基礎；運行與維運人員必須在風電場盡可能接近的地方待命。

海上風電運輸船[8]

8 The Importance of Full Life Cycle Design
https://www.empireengineering.co.uk/the-importance-of-full-life-cycle-design/

因此在選擇港口維運基地時需考慮很多因素，其中包括：

1. 基地位置僅可能靠近海上風電場，減少陸上到海上的時間，這樣人員一接到臨時通知就能出發，把握海上可以作業的氣候及時間。
2. 岸上可以提供一些良好的港口設施，爲運維船舶提供補給與船員休息活動場所。
3. 考慮在發展較不發達或當地政府願意配合區域，可以促進當地船舶輔助服務（如船用及生活用品、船員娛樂購物等）的就業。

海上風電場的施工特點是在所有風電機組完成後，海上安裝的時限由天氣和所用的設備而受到限制，施工現場的海上氣象條件，決定全年港口風電碼頭人員與設備的實際工作期限。意味所有風電機組部件及基礎需大部分在碼頭儲存區域待命，以把握海上氣候條件可以安裝的時間僅速裝船出海。因此，港區的物流作業需生產廠商、風電碼頭組裝、裝卸作業、海上氣象預報相互銜接。

離岸風電港口平臺（Offshore Wind Ports Platform）[9]

---

9 Offshore Wind Ports Platform
https://windeurope.org/policy/topics/offshore-wind-ports/

「歐洲離岸風電港口平臺」是一個由歐洲主要提供離岸風電作業服務的港口訊息平臺，這些港口是位於丹麥、英國、德國及法國，由於海上風電機組龐大，對港口條件要求較高，這些地區港口提供相關離岸風電產業訊息交換及統計數字分享，主要目標是減少港口成本及提高效率，也有利於此地區港際合作及政策的決定。

14.3 風電作業安全

爲了完成海上風電場所涉及的複雜零組件安裝的任務，有必要對整個作業進行完整的規劃與訓練。海上風電場的安裝不同於其他海上項目，此一新興產業由於在特定的時間需要大量的技能，以解決特殊的作業安全問題如：海洋氣象問題（浪高、風向）、海床條件（深度、水流沖刷）、風電機組特性（尺寸、結構、重力）。

海上風電場的作業許可會附帶一整套的健康、安全和環境（Health, Safety & Environment, HSE）條件，還是根本要求且非常嚴格，關注的重點是確保參加作業的人可以安全地工作，對環境不產生任何影響。HSE 是從制定風電場安裝國的當地規章制度開始，這包含一系列需要滿足的額外條件，有時這些並不在當地國的現有規章制度內。

海上風電場的安裝需要一個有效率發揮作用的組織，對臺灣而言，離岸風力發電是一個新興產業，如何吸引技能人才、教育新員工和留住人力資本是要面臨一個新的主要問題。

在一般陸上作業的管理組織，HSE 部門通常只是一個幕僚部門提供工作建議。在海上作業則直接發揮作用，在 HSE 部門認爲有必要時有能力否決、指導、管理和終止作業。這個部門的主要任務除了安裝海上風電場之外，要在安裝工作完成後把每一個去海上作業的人都安全帶回。

員工訓練非常重要，因爲員工訓練將減少事故及僥倖的發生，這也是 HSE 部門的一項重要工作，人事部門要爲作業中所有員工提供必要的訓練，例如海上求生、高空救援、直升機吊掛等，在風電機組安裝及船上進行海上作業的技能清單很長，並且日益加長。負責船舶和風電機組特定工作的每一個人，都有特殊的訓練需要，訓練使得每一個人在遇到事故時發揮作用，不會成爲別人的負擔。

準備工作開始於陸上的作業，場地包括零組件卸載的港口碼頭和作業的施工碼頭，有些管理項目不同於其他陸上作業場地：

1. **安全**：自從美國發生 911 恐怖攻擊事件後，各國港口都實施加強港區貨物及人員進出安全檢查，根據國際海組織（IMO）的「國際船舶和港口設施保全章程」（ISPS）的規定，必須提供每一個進出港口的船舶及人員資料，爲了符合當地政府的要求，有必要進行人員的安全控制。
2. **場地**：一旦作業場地選定，不管是組裝或卸載，都必須記錄和查核該區域的適用程度，其地面的乘載能力是否足以乘載拖車加風電機組的負重。

3. **碼頭**：卸載和預組裝零件的碼頭必須有能力承載零組件和作業機械，通常是找一個有足夠承載能力的碼頭或進行改造升級，有時候不僅使用海上起重船，也會同時使用陸上起重機作業。

4. **港口海床**：因爲風電安裝船通常會升抬動作來裝載零組件，這是一個非常重要的因素，因爲在裝載完成後，船舶考慮安全因素，會在海上不斷調整壓艙水來保持平穩度以補償貨物移動的重量平衡。安裝船的支撐柱及腳架會刺入碼頭海床以求穩定，所形成破洞、土石流失，可能會影響碼頭板樁傾倒，其停靠位置需保持安全距離。

海上交通協調

在海上風電場施工現場的有限空間裡需要實施交通管理，因此有必要實行交通協調。廣闊的海域好像足以容納大量的船舶航行，並不互相干擾，實際上如無適當管理現場及港口往來交通，適航的海域及錨泊地很快就會被填滿，因為當船停泊時有時會有一些妨礙其他船隻的航行，例如海底電纜工程要穿過其他船舶的通行或停泊路線進行。

交通協調的管理功能是對船長、駕駛員、海上風電場安裝區域技術人員的實際定位，並監控所有進出港的交通，確定在安裝及維護期間，他們是否在進行相關工作，或僅是通過風電場而不妨礙該區域與風電場有關的任何活動。

知道有多少員工在現場也很重要，因此所有進出的船舶都要清點船上的人數（People On Board, POB），以便讓管理中心知道還有多少人在現場，有多少人在途中，最壞的情況是人員失蹤。緊急狀況下，管理中心應知道誰在哪，在作什麼。如果救援行動是基於失蹤人員而展開，對救援隊伍需要知道搜索何處及搜索誰很重要。

海港、沿途及海上施工現場的交通狀況的監控，需要一個協調中心來負責整個施工期間的人員、船舶及設備之運輸。因為當必須運出水下基礎或風力發電機時，其他船舶進港將會有問題，當運輸船自行操縱有困難時，其他船舶必須適當的等候及避讓。交通協調最後是警戒船，巡邏海域注意往海上風電場方向航行船舶，或在裡面航行有可能發生碰撞的船舶。

表 28 離岸風電場常用名詞定義[10]

名詞	定義
風場（離岸）	主要由離岸風力機、海底基樁、支撐結構、離岸變電站、海底電纜、陸上電纜以及陸上變電站等硬體所構成。
風力機	基本上是由機艙、輪軸、葉片所組構，外加塔架、平臺及水下支撐結構而形成完整機組，是離岸風場的必要構件之一。
水下基礎	離岸風電機組織水下支撐結構與海床下基礎。
運維	營運與維護作業。
起重	俗稱吊掛，通常就地將工件進行上下的移動，稱之爲起重（Hoist），若有左右遠近之變化就位之要求，則需增加前後（Luffing）、迴旋（Slewing）兩動作，可在能力範圍內做 x、y、z 軸的定位。
工作載臺或載具	(1) 在陸上使用者：如汽車、貨車、拖車、拖板架、活動式吊車。 (2) 在海上使用者：如浮船、浮具、自升船等。 (3) 在海底使用者：如潛水艇、水下無人載具。 (4) 在空中使用者：如飛機、直升機、無人機。
穩度（Stability）	船舶安全之首要指標，有完整穩度、動穩度、破損穩度等查驗。
繫固（Sea Fastening）	裝船工件透過適當規劃設計之繫固，確保運輸期間不致鬆脫。

10「離岸風力發電機設置危害分析及安全規範研究」，勞動部勞動及職業安全衛生研究所，108 年，臺北。

全球風力組織（Global Wind Organization, GWO）[11]

GWO 是由歐洲主要風機製造業所組成非政府組織，對於風力發電機組製造標準、安裝維護程序及人員職業安全標準研訂，並對教育訓練訂定訓練課程以確保風力發電的作業順利。離岸風電的業務領域，可概分爲風場開發、風機系統、風機零組件製造、水下基礎結構、海事工程、風場運維及綠色金融等區塊，GWO 在全球各地合作設立訓練中心，臺灣有臺中及高雄兩個合作單位，以促進臺灣風電施工及維護人員的作業能力。

國立高雄科技大學海事人員訓練處

https://mtc.nkust.edu.tw/

11 Global Wind Organization
https://www.globalwindsafety.org/

臺灣風能訓練股份有限公司

https://www.tiwtc.com/

延伸學習及討論

一、試討論比較海上風電與陸上風電的優缺點。

二、試討論臺灣的離岸風力發電政策內容。

三、請找出臺灣現行的三個示範的海上風電場位置。

四、港口的離岸風電的物流作業與一般物流有何差異？

五、海上風電場所使用的船有何特性，航政監理及港口申請有哪些注意事項？

六、海上風電場的人員及機組安全，有哪些規定訓練？

七、試討論港口在配合離岸風力發電作業，應有哪些改善措施。

第十五章 遊艇活動

遊艇（Yacht）是臺灣外銷的一種特殊船艇，集合造船工藝及設計美學，不過國人卻甚少擁有或使用遊艇，近年隨海洋休閒及水上活動興起，對遊艇的營運活動開發及管理引起注意，這個新興的海上休閒產業也成爲港埠的營運業務之一，它的使用對象與管理項目與一般商船不同，值得作一討論。

15.1 遊艇設施與開發

遊艇定義

依教育部國語辭典，遊艇是：「供人運動或遊樂的小艇」。交通部的「遊艇管理規則」第 2 條名詞定義，整船出租之遊艇：「指遊艇業者所擁有，提供具備遊艇駕駛資格之承租人進行遊艇娛樂活動之遊艇。」

船舶法第 3 條第 1 項第 5～7 款的名詞定義：

五、**遊艇**：指專供娛樂，不以從事客、貨運送或漁業爲目的，以機械爲主動力或輔助動力之船舶。

六、**自用遊艇**：指專供船舶所有人自用或無償借予他人從事娛樂活動之遊艇。

七、**非自用遊艇**：指整船出租或以其他有償方式提供可得特定之人，從事娛樂活動之遊艇。

遊艇與動力小船駕駛管理規則第 2 條第 1 項第 4～5 款的名詞定義：

四、**一等遊艇駕駛**：指持有一等遊艇駕駛執照，駕駛全長二十四公尺以上遊艇之人員。

五、**二等遊艇駕駛**：指持有二等遊艇駕駛執照，駕駛全長未滿二十四公尺遊艇之人員。

遊艇分類[1]

1. **按長度分類**：國際標準遊艇的規格單位是以英呎（1 英呎 =0.305 米）計算的，從尺寸大小上分爲三種：40 英呎以下爲小型遊艇、40～80 英呎爲中型遊艇、80～120 英呎以上爲巨型豪華遊艇，120 英呎以上爲超豪華遊艇。

2. **按功能分類**：

   (1) **運動型遊艇**：此類遊艇都爲小型遊艇也可說是快艇，此類遊艇一般設計時以速度作爲特點，而且價格較低，配置簡單。

   (2) 休**閒型遊艇**：此類遊艇大多爲家庭購買，作爲家庭度假消閒所

---

1 遊艇分類

https://sites.google.com/site/zhizaokejiyouting/zhong-lei-deng-ji

用。一般以 30 英尺到 45 英尺左右的遊艇爲主，市場上遊艇的種類也是大多以此類爲主。

(3) **商務型遊艇**：這類遊艇一般都是大尺寸的遊艇，裡面裝潢豪華，也是豪華遊艇，一般被用於大型企業集團法人、大多被用於商務會議、公司聚會、小型宴會和公關推廣等涉及企業與產品的小眾高級商務活動。

3. **按動力分類**：

(1) **風帆遊艇（Sailing Yacht）**：使用風力做爲動力來源者。

(2) **動力遊艇（Motor Yacht）**：使用柴油或汽油做爲動力來源者。

遊艇設施

一般遊艇消費服務的各項功能，主要是由遊艇俱樂部（Yacht Club）所提供，由民間自行興建或向政府承租營運，以推廣海洋休閒活動爲宗旨，爲會員及家屬、賓客提供商務應酬、娛樂、休閒等功能的活動空間，遊艇製造業及遊艇設備業也有提供展售、保養清潔等功能。

遊艇基地設施的開發步驟[2]：

1. **基地選擇與開發可行性研究**，根據所在地陸域、水域等條件確定遊艇基地，調查當地高消費及經濟所得群體、休閒娛樂需求狀

2　顧一中，《遊艇郵輪學》，華中科技大學出版社，2012，武漢。

況，進行開發項目可行性研究（規模、市場定位、營運模式、財務分析等）。

2. **遊艇碼頭規劃與設計**，諮詢遊艇與碼頭設計專家並就可行性報告內容，進行碼頭設計、決定碼頭結構樣式、船席數量、功能布局，投入資金預算及來源。
3. **工程施工的核算與計量**，待碼頭規劃設計完畢並通過政府審查批准，即進入工程施工與建造階段，通過核算與計量，確保依照預計預算及期程達到所規劃的功能與品質。
4. **遊艇碼頭的經營管理**，碼頭工程完成並交付驗收後，進入籌備營運的階段。
5. **政府相關手續辦理**，辦理移民署、交通部、海關等的遊艇入出境及進出港的申請資格。

遊艇碼頭的建設規模主要以泊地和占地面積來估算，遊艇船席的數量根據碼頭的專業性質、航線及船舶設計類型進行估算，占地規模主要依據服務功能、岸上倉庫（陸上停放區）、維修保養場、遊艇起水上架或拖車斜坡道、油料供應倉庫等。

遊艇碼頭基地提供的功能是多元化，一般有俱樂部功能、餐飲、會議、健身、娛樂、水上運動、遊艇停泊維護保管、休閒度假、商務、飯店功能，依據市場定位增減。典型的遊艇碼頭設施有：

1. 售票室：如開放內部設施供參觀或使用，計收費用使用。
2. 辦公室：對內設備、人事財務處理、會議場所。

高雄港愛河灣遊艇碼頭示意圖

3. 員工休息室：員工餐飲、更衣、交班待命使用。

4. 廁所：供來賓及員工盥洗、清潔使用。

5. 維修儲藏間：靠近碼頭提供各式船用備品儲存空間。

6. 休息等候空間：依照四周環境打造，提供遊憩及等候場所。

7. 販賣部：依照規模大小，提供紀念品、簡餐及日用品。

8. 碼頭區：候船露臺，後線有陸上配套設施維護、餐飲、住宿等。

9. 防波堤：半包圍式防護堤，以確保停泊區安全，避免風浪侵襲。

遊艇碼頭房地產開發[3]

在臺灣遊艇活動尚在市場推廣及教育的階段，港口營運及遊艇俱

---

3 豐景春、歷傳、張可、鄭傳斌，《遊艇活動設施建設與開發》，科學出版社，2016，北京。

樂部的業者很難依賴單一營業活動項目長期生存，更好的方式是由飯店、地產開發、娛樂的綜合業態，來支持遊艇消費產業的發展，再由遊艇相關活動爲碼頭後線土地加值，形成正向的循環。

遊艇碼頭房地產是以遊艇產業、旅遊產業、房地產產業的異業結合，它是在遊艇業的發展基礎上、穩定的房地產市場環境下產生，以提供休閒、娛樂、度假旅遊等爲目的之水岸房地產開發類型。

新加坡濱海灣金沙酒店[4]

遊艇俱樂部會員大多對水岸別墅、精緻餐飲等高品質消費有興趣，俱樂部成功的運作可以提升港口周邊區域的商業活動、帶動其他

4 Hotel Marina Bay Sands, Singapore
https://www.youtube.com/watch?v=38p27oLUU1M

休閒活動的發展，以及提高港口水岸房地產的價值。

在遊艇房地產開發過程中要堅持規劃導向，對計畫中開發區域的旅遊資源、客源市場、法規條件、基礎設施供給、社會經濟狀況等條件進行調查，結合國家及當地政府的觀光計畫和區域開發計畫，對環境的協調和保護的基礎上，有系統進行遊艇碼頭房地產的招商投資開發。

國外依靠遊艇業所產生的飯店業，與一般飯店業有不同的背景，具有以下的特色：

1. **優雅的環境資源**：依靠遊艇業所產生的飯店多爲位於江、河、湖、海之濱，區隔都會區人群的鬧區，有豐富的水岸資源及接近當地的歷史文化景點。
2. **專業的物業管理**：與一般的飯店相比較，配套的設施與服務是遊艇飯店的重點，遊艇飯店除提供日常生活起居服務，還提供運動、休閒、購物的場所，將遊艇俱樂部與飯店業務密切結合在一起。
3. **符合遊艇消費者需求**：遊艇俱樂部的消費者在遊艇上感受海上休閒活動，也希望脫離日常工作壓力與複雜人情關係的困擾，遊艇飯店依據地理優勢，可爲消費者打造具有休閒特色的建築與服務。

遊艇碼頭房地產開發與一般房地產開發不同，它的主力目標客戶是遊艇俱樂部的消費者，提供複合式消費服務，不是一次性消費，增進港區非作業性碼頭及土地的運用，並帶動都市土地開發。

高雄港區土地開發股份有限公司[5]

臺灣港務股份有限公司自成立後積極拓展多角化事業觸角，其中發展水岸遊憩觀光爲重要一環。高雄港 1～10 號碼頭、16～17 號及淺 1～淺 3 碼頭因鄰近高雄駁二特區，又駁二特區已形成匯集相當之觀光人潮，且高雄水岸輕軌通車後預計將帶動更多觀光人潮，故此高雄港舊港區域爲土地開發公司亟欲轉型發展水岸遊憩觀光之重點區域。

結合高雄市政府都市計畫及高雄港整體規劃，推動高雄港舊港區周邊碼頭空間開發，鏈結舊港區水岸遊憩機能及高雄市駁二區域，使高雄港舊港區碼頭周邊區域再造，形成高雄港之新風貌。

爲能加速推動執行相關區域發展規劃及招商，由臺灣港務公司與高雄市政府合資成立「高雄港區土地開發股份有限公司」，結合高雄市政府都市規劃、開發及本公司港區水岸開發，促進高雄港區與周邊高雄市區土地的發展利用，增進港務公司及高雄市政府收入並帶動地方經濟發展，創造雙贏局面。

---

5 高雄港區土地開發股份有限公司
http://www.kpld.com.tw/

15.2 遊艇產業與活動

遊艇的消費活動首先決定了遊艇產業的生存，沒有遊艇的消費就沒有遊艇產業存在的基礎。因此爲遊艇消費娛樂提供經營服務的行業——遊艇俱樂部、遊艇碼頭等，就是遊艇經濟的核心業務內容，而遊艇設計與製造工業，以及提供發動機、拖車、附屬用品生產的產業成爲配套產業。

遊艇的管理除由銷售公司代管、船主自行管理外，較大多數由遊艇俱樂部來代爲管理或向其租賃使用。俱樂部（Club）又稱爲會所，世界最早的遊艇俱樂部是於 1720 年成立的英國愛爾蘭的皇家科克遊艇俱樂部（Royal Cork Yacht Club）[6]，早期是爲社會上流階層的船舶愛好者提供一個船隻停泊、修繕、補給的小船塢，隨著規模不斷擴大，逐漸變成一個高級商務交流聚會的場所，於是集餐飲、娛樂、住宿及商務、停泊、保養、補給、駕駛訓練的多功能遊艇俱樂部營運而生。

遊艇俱樂部較爲普遍的是透過會員制方式吸引會員加入，以維持正常穩定的消費群體，根據自身的定位與服務條件，遊艇俱樂部往往有其特定的客戶群體，遊艇俱樂部根據服務目的有幾種分類。

6　Royal Cork Yacht Club
https://en.wikipedia.org/wiki/Royal_Cork_Yacht_Club

表 29 遊艇產業鏈構成及相關功能[7]

產業鏈	遊艇產業鏈構成	經濟功能
設計	研發：遊艇設計、遊艇技術研究	技術
製造	製造工業：原材料工業、遊艇製造工業、遊艇裝配工業	生產
配套	配套業：專業發動機、發電機、儀器儀表、導航設備、螺旋槳、帆具、塗料、安全設備、衛生用具、電器設備、控制裝備等遊艇附件	配套
銷售	遊艇銷售服務：總代理、遊艇銷售公司、遊艇展商、遊艇雜誌、遊艇網站、二手遊艇經營	經營
消費服務	遊艇消費服務：遊艇俱樂部、遊艇駕駛、水上運動培訓、遊艇代管、保養維護、遊艇租賃、遊艇器材等	核心業務
支持	基礎服務：遊艇碼頭、倉儲保管、遊艇轉運、安全服務、報關檢驗、資產評估、特種保險、資訊服務、文化傳播（賽事、論壇、會展）、產業政策	支持服務
輔助	輔助產業：水上運動裝備、體育用品器材、釣具釣餌供應	互補產品

7 龔海燕、劉建明，《遊艇經營管理》，哈爾濱工程大學出版社，2017，哈爾濱。

表 30　各類遊艇俱樂部服務特性[8]

種類／特性	運動娛樂型	休閒型	商務型
服務對象	青年、上班族	家庭、朋友、情侶	公司、企業高層人士
遊艇要求	速度性能優良、中小型化、內部設施相對較簡單	中級，內部注重家庭設施、家用電器	遊艇大造價高，其內部裝潢豪華、高級套房，注重在通信設施及會議設備
遊艇租用／購買意圖	運動、娛樂、休閒	休閒、度假	接待客戶、商務談判、公司高層會議、高層度假
收費標準	一般	一般	高昂
會員制	大多需要時包租或會員制	加入固定會員或包租	加入固定會員或包租
服務內容	保險、安排節目行程、專題活動	保險、日常代管維護、加油、修理	提供專業船場、高級餐飲、酒吧、娛樂場所，安排全程服務或自行確定航程、活動
硬體設施	較少外部配套	停車場、修理船塢	休閒、度假等設施綜合性強

遊艇主題活動策劃

無論是運動、休閒還是社交、商業活動，家庭、公司、社會組

8　同註 6

織運用遊艇辦理活動一定有其目的性，這目的性也形成遊艇活動的主題。遊艇主題活動多元化，根據不同的對象會形成不同的活動主題。遊艇主題活動要求在一定時間內，選擇活動空間，利用有限的資源，透過主題活動的實施來達到個人及家庭娛樂要求，或商務活動、公私組織的活動要求。

策畫或舉辦任何一場遊艇主題活動都離不開以下的四個基本要素：明確的主題、適宜的場地和環境、獨特的創意活動和縝密的組織行爲。[9]

1. **明確的主題**：一場活動的主題是整個活動策畫開始，後續活動的內容構思、具體活動環節的設計和流程設定的基礎，成功的策劃必須展現從頭至尾的流暢性與一致性，各項環節與主題必須一致。
2 **適宜的場地和環境**：活動場地的選擇和當地氣候、遊艇運送環境條件，都會影響活動能否順利舉行，只有選擇擁有或鄰近水域的地點，才能發揮遊艇的休閒娛樂功能。
3. **獨特的創意活動**：不同目標的主題活動，必然會伴隨個人或組織不同的活動，活動的成功與否取決於是否有獨特的創意。例如遊艇商務活動就會有遊艇企業的品牌推廣、新產品發布、客戶或經銷商答謝會等活動。

---

9 錢旭潮、王龍、余菲菲、越冰，《遊艇主題活動策畫》，科學出版社，2019，北京。

4. **縝密的組織行為**：遊艇活動的重要特徵是參與性及交流性，在參與中獲得體驗，在交流中增進了解。遊艇主題活動涉及眾多設施、設備條件、活動的創意性等，都要求事前有縝密的組織，詳細設計活動過程的每一個環節，每一個人的職責。

對企業或社會團體，一場活動的傳播效果僅限於參與者是不夠的，只有透過媒體活動，才能使活動要傳遞的主題在更大的範圍內獲得傳播，獲得更多目標客戶的理解與支持，配合圖片、文字、色彩基本傳播符號來說明，這還需要加強與媒體的合作（電視、報紙、廣播、網路、海報、雜誌、燈箱、社群媒體等）。

世界各地主要遊艇展的主題活動，現在會利用網路發布影片、照片及動訊息廣邀有興趣參展商、贊助商、媒體、參觀者，以開發潛在的購買客戶並達到推廣使用遊艇活動。

表 31　主題活動遊艇展案例

臺灣國際遊艇展（https://www.boatshow.tw/en_US/index.html）

新加坡遊艇展（https://www.singaporeyachtshow.com/）

LIVE THE LIFE
OCTOBER 2020
ONE°15 MARINA SENTOSA COVE

邁阿密遊艇展（https://www.miamiyachtshow.com/en/home.html）

SuperYacht Miami
Island Gardens Deep Harbour on Watson Island

杜拜遊艇展（https://www.boatshowdubai.com/exhibit/show-sectors/DIVE-MENA-EXPO）

Co-located
with

附錄　臺灣有關遊艇法規

遊艇於漁港停泊收費

「第一類漁港遊艇停泊費收費標準」，中華民國 104 年 5 月 14 日行政院農業委員會農漁字第 1041313558A 號令訂定發布全文 4 條；並自發布日施行。

（依漁港法第 12 條第 2 項規定：前項管理費收費類目及費率之標準，由中央主管機關定之。

另依規費法第 10 條第 1 項規定：業務主管機關應依下列原則，訂定或調整收費基準，並檢附成本資料，洽商該級政府規費主管機關同意，並送該級民意機關備查後公告之：

一、行政規費：依直接材（物）料、人工及其他成本，並審酌間接費用定之。

二、使用規費：依興建、購置、營運、維護、改良、管理及其他相關成本，並考量市場因素定之。

前項收費基準，屬於辦理管制、許可、設定權利、提供教育文化設施或有其他特殊情形者，得併考量其特性或目的定之。）

遊艇之出境程序

「遊艇入出境關務檢疫安全檢查程序辦法」，中華民國 100 年 10 月 6 日交通部交航字第 1000009313 號令訂定發布全文 8 條；並自發布日施行。

（依船舶法第 70 條第 3 項規定：遊艇入出國境涉及關務、入出境、檢疫、安全檢查程序及特許之辦法，由主管機關定之。）

遊艇之管理事項

「遊艇管理規則」，中華民國 108 年 10 月 22 日交通部交航字第 10850135201 號令修正發布第 2、5、6、9、40、44、45 條條文；刪除第 7、10、34～38、41 條條文及第六章章名。

（依船舶法第 71 條第 2 項規定：遊艇之檢查、丈量、設備、限載乘員人數、投保金額、適航水域、遊艇證書、註冊、相關規費之收取及其他應遵行事項之規則，由主管機關定之。各級商港、漁港、海岸、河川轄管機關，應於轄區適當地點設置遊艇停泊及遊艇拖吊升降區域，並依相關法令規劃建設及管理。）

遊艇駕駛資格之取得

「遊艇與動力小船駕駛管理規則」，中華民國 108 年 9 月 19 日交通部交航字第 10850120811 號令修正發布第 8、9、17、24、29、32、33、35 條條文及第 10 條條文之附表一至三。

（依船員法第 75-6 條規定：遊艇與動力小船駕駛之資格、體格檢查基準、訓練、測驗、駕駛執照之核發、證照費收取、安全配額，助手之體格檢查基準、安全配額，及駕駛訓練機構之籌設、許可之申請、廢止、開班、招生程序、訓練學員之資格、訓練課程、訓練設施、教師資格、訓練費用收取、退費、年度評鑑、訓練管理業務及其他相關事項之規則，由主管機關定之。）

香港遊艇會（Royal Hong Kong Yacht Club, RHKYC）[1]

香港遊艇會
ROYAL HONG KONG YACHT CLUB

香港遊艇會是香港歷史最悠久、規模最龐大的的體育會之一，在過去 170 年一直致力推動帆船及賽艇運動的普及化和精英化。本會爲一眾不同年齡與技術水平的水上運動愛好者，當中包括會員及非會員，提供多項訓練活動以促進他們的個人發展、發掘及培養有潛質參加比賽的精英運動員，藉此推動這些有益身心的運動在香港的發展和普及化。香港遊艇會全年舉辦多項本地及全球觸目的國際級帆船及賽艇賽事，大大提升香港在國際體壇的地位。

---

1 Royal Hong Kong Yacht Club (RHKYC)
https://www.rhkyc.org.hk/

遊艇會所	遊艇碼頭

延伸學習及討論

一、請蒐集與討論目前臺灣遊艇港的不同管理單位與開發情形。

二、遊艇碼頭開發有時涉及港口後線土地商業利用，試討論涉及單位及可能開發用途。

三、請選擇國內外一港口試討論其遊艇碼頭設施綜合開發型態。

四、試討論遊艇活動有哪些？其特色為何。

五、試討論港口在遊艇活動可獲取的商機與利益為何。

六、請討論遊艇俱樂部的行銷及招收會員的可行方式。

書後語

聯合國的貿易和發展會議（United Nations Conference on Trade and Development, UNCTAD）於每年的11月會出版一份年度海運評論報告專書（Review of Maritime Transport）[1]，介紹全球的海運與港埠發展情形，這也是航運與港埠業的市場分析參考資料來源之一，也觸發撰寫有關介紹海運商務基本教材的動機，以供航運物流相關科系以外的院系作爲輔助教材參考或航港企業内部訓練使用。

過去因法令管制出入的商港也逐步脫去神祕的外貌，全球經貿的跨國採購配送需求，也觸發海運供應鏈管理及國際物流的發展，航運業及港埠業與傳統的營運作業方式，與過去作業相較也有很多變化，不再受限於傳統對海員與碼頭工人的刻板印象，這個海運產業也一樣需要各項管理及工程的專業人力參與，非交通運輸及航運物流相關科系的青年學子及社會新鮮人，對於進修與求職更需要對此產業有入門的認識窗口，因此

1 Review of Maritime Transport, UNCTAD
https://unctad.org/en/Pages/Publications/Review-of-Maritime-Transport-(Series).aspx

開始嘗試進行資料的蒐集與本書的撰寫，而對海運商務的認識是一個起步。

在海運商務中，海運經營與港埠的管理，近年來其內外環境皆有快速的變化，筆者當埋首於眾多專書與網路新聞中，方覺有些新鮮人對新名詞或觀念似懂非懂，需要靜心了解，對於在職的相關人員更可能有「書到用時方恨少」的感觸，希望此書內容能對有興趣讀者能有所助益。

張雅富

2020 年夏於高雄港

國家圖書館出版品預行編目資料

海運商務概論／張雅富著. -- 初版. -- 臺北市：五南, 2020.06
面； 公分
ISBN 978-986-522-030-3（平裝）

1.航運管理 2.航運業

557.43 109007009

5I53

海運商務概論

作 者 — 張雅富（214.5）
發 行 人 — 楊榮川
總 經 理 — 楊士清
總 編 輯 — 楊秀麗
主 編 — 王正華
責任編輯 — 金明芬
封面設計 — 鄭云淨
出 版 者 — 五南圖書出版股份有限公司
地 址：106台北市大安區和平東路二段339號4樓
電 話：(02)2705-5066 傳 真：(02)2706-6100
網 址：http://www.wunan.com.tw
電子郵件：wunan@wunan.com.tw
劃撥帳號：01068953
戶 名：五南圖書出版股份有限公司

法律顧問 林勝安律師事務所 林勝安律師

出版日期 2020年6月初版一刷
定 價 新臺幣550元

張雅富

權所有・欲利用本書內容，必須徵求本公司同意※

全新官方臉書

五南讀書趣

WUNAN Books since1966

Facebook 按讚

1 秒變文青

★ 專業實用有趣
★ 搶先書籍開箱
★ 獨家優惠好康

不定期舉辦抽獎
贈書活動喔！！

經典永恆・名著常在

五十週年的獻禮——經典名著文庫

五南，五十年了，半個世紀，人生旅程的一大半，走過來了。
思索著，邁向百年的未來歷程，能為知識界、文化學術界作些什麼？
在速食文化的生態下，有什麼值得讓人雋永品味的？

歷代經典・當今名著，經過時間的洗禮，千錘百鍊，流傳至今，光芒耀人；
不僅使我們能領悟前人的智慧，同時也增深加廣我們思考的深度與視野。
我們決心投入巨資，有計畫的系統梳選，成立「經典名著文庫」，
希望收入古今中外思想性的、充滿睿智與獨見的經典、名著。
這是一項理想性的、永續性的巨大出版工程。
不在意讀者的眾寡，只考慮它的學術價值，力求完整展現先哲思想的軌跡；
為知識界開啟一片智慧之窗，營造一座百花綻放的世界文明公園，
任君遨遊、取菁吸蜜、嘉惠學子！